Aprende a Administrar el Dinero: Educación Financiera desde Niños o Adolescentes. Cómo enseñar a tus hijos a Ahorrar, Gastar e Invertir de Forma Inteligente

Publicaciones Alejandría

Published by Digital Mind, 2024.

APRENDE A ADMINISTRAR EL DINERO: EDUCACIÓN FINANCIERA DESDE NIÑOS O ADOLESCENTES. CÓMO ENSEÑAR A TUS HIJOS A AHORRAR, GASTAR E INVERTIR DE FORMA INTELIGENTE

First edition. January 28, 2024.

Copyright © 2024 Publicaciones Alejandría.

ISBN: 979-8224324095

Written by Publicaciones Alejandría.

Also by Publicaciones Alejandría

Aprende a Administrar el Dinero: Educación Financiera desde Niños o Adolescentes. Cómo enseñar a tus hijos a Ahorrar, Gastar e Invertir de Forma Inteligente
Hipnosis Extrema de Pérdida de Peso Rápida para Mujeres: Aprende como Perder Peso con Hipnosis y Poder Mental

Tabla de Contenido

Introducción

La habilidad para administrar el dinero de manera inteligente se ha convertido en una destreza esencial desde las etapas más tempranas de la vida. Este texto es una guía integral diseñada para empoderar a padres, educadores y cuidadores en la formación financiera de las generaciones futuras.

Este libro se sumerge en el apasionante mundo de la educación financiera desde una perspectiva única, ofreciendo estrategias y herramientas prácticas para inculcar conceptos clave desde la niñez hasta la adolescencia. Reconociendo la importancia de la educación financiera como un componente fundamental del éxito en la vida, exploramos cómo podemos cultivar una relación saludable y sabia con el dinero desde edades tempranas.

Descubrirás métodos innovadores y divertidos para enseñar a tus hijos los principios del ahorro, la responsabilidad en el gasto y la introducción gradual al fascinante mundo de la inversión. Más allá de proporcionar conocimientos teóricos, este libro se centra en la aplicación práctica de habilidades financieras a través de actividades familiares, ejemplos del día a día y estrategias efectivas para superar desafíos comunes.

La educación financiera no solo es un vehículo para la estabilidad económica, sino también un medio para fomentar valores como la responsabilidad, la planificación a largo plazo y la toma de decisiones informada. Con esta guía, te embarcarás en un viaje educativo que transformará la manera en que tus hijos perciben y gestionan el dinero, dotándolos de las herramientas necesarias para un futuro financiero próspero y consciente. ¡Acompáñanos en este emocionante viaje hacia el empoderamiento financiero desde la infancia!

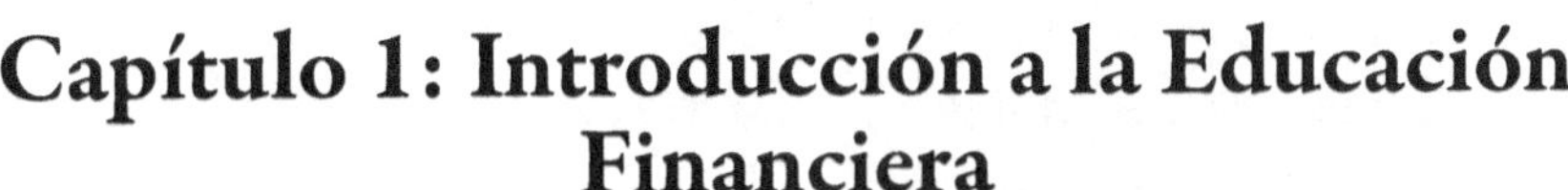

Capítulo 1: Introducción a la Educación Financiera

La importancia de enseñar a los niños sobre el dinero desde una edad temprana no puede subestimarse. La educación financiera es como una llave mágica que puede abrir puertas a un futuro más brillante y seguro. En este primer capítulo, exploraremos por qué es tan crucial impartir conocimientos financieros a nuestros pequeños desde el principio, preparándolos para enfrentar los desafíos económicos con confianza y habilidad.

1.1 Importancia de la Educación Financiera desde temprana edad

1. El Poder Transformador de la Educación Financiera Infantil

Imagina un mundo donde los niños comprenden el valor del dinero, cómo funciona y cómo pueden usarlo sabiamente. Este mundo no es una fantasía; es una posibilidad real. Al dotar a los niños con habilidades financieras desde una edad temprana, les proporcionamos las herramientas para tomar decisiones informadas sobre el dinero a lo largo de sus vidas. Esto no solo impacta su bienestar financiero, sino que también contribuye al desarrollo de una sociedad más sólida y económicamente empoderada.

2. La Formación de Hábitos Financieros Saludables

Asimilar buenos hábitos desde el principio es fundamental para la salud financiera a largo plazo. Al enseñar a los niños a ahorrar una parte de su dinero desde pequeños, estamos cultivando un hábito que puede convertirse en un cimiento sólido para el futuro. Estos pequeños ahorros no solo representan una reserva financiera, sino que también inculcan la disciplina y la paciencia, cualidades cruciales en la gestión del dinero.

3. Entendiendo la Relación entre Trabajo y Recompensa

La educación financiera proporciona a los niños una comprensión clara de la conexión entre el esfuerzo y la recompensa. Les enseña que el dinero no aparece mágicamente, sino que se gana a través del trabajo y la dedicación. Este conocimiento temprano fomenta una mentalidad laboriosa y una apreciación por el valor del esfuerzo, aspectos que se traducirán en una ética laboral sólida en el futuro.

4. Desarrollo de una Mentalidad Financiera Positiva

La forma en que pensamos y sentimos acerca del dinero a menudo se forma en la infancia. La educación financiera desempeña un papel crucial en el desarrollo de una mentalidad positiva hacia las finanzas. En lugar de ver el dinero como algo abrumador o complicado, los niños que reciben educación financiera lo ven como una herramienta que pueden entender y manejar con confianza. Esta mentalidad positiva allana el camino para decisiones financieras más saludables en la vida adulta.

5. Preparación para Desafíos Financieros Futuros

La vida está llena de desafíos y sorpresas, algunos de los cuales pueden tener un impacto en nuestras finanzas. Al enseñar a los niños a manejar el dinero desde temprano, les proporcionamos una red de seguridad y resiliencia. Están mejor equipados para tomar decisiones informadas en tiempos difíciles y para adaptarse a los cambios económicos con mayor facilidad.

6. El Papel Fundamental de los Padres y Cuidadores

Los padres y cuidadores desempeñan un papel fundamental en la educación financiera de los niños. Más allá de las lecciones en el aula, la vida cotidiana presenta innumerables oportunidades para enseñar sobre el dinero. Las conversaciones abiertas sobre las decisiones financieras familiares, la planificación de gastos y la importancia del ahorro crean un ambiente propicio para el aprendizaje continuo.

La importancia de la educación financiera desde una edad temprana no puede ser exagerada. Estamos formando no solo futuros adultos financieramente competentes, sino también ciudadanos que contribuirán positivamente a la sociedad. Al sembrar las semillas de la educación financiera hoy, estamos cultivando un futuro donde el dinero se maneja con sabiduría, la estabilidad financiera es alcanzable y cada individuo tiene el poder de crear un impacto positivo en su vida y en el mundo que los rodea.

1.2 El papel de los padres en la formación financiera de los niños

A) El Papel de los Padres en la Formación Financiera de los Niños

La educación financiera de los niños es un viaje que comienza en casa. Los padres tienen un papel crucial en este proceso, ya que son los principales guías y modelos a seguir para sus hijos. En este capítulo, exploraremos la importancia del papel de los padres en la formación financiera de los niños y cómo pueden convertirse en aliados valiosos en el desarrollo de hábitos financieros saludables desde una edad temprana.

B) El Poder de los Ejemplos y Modelos a Seguir

Los niños aprenden observando e imitando a quienes los rodean, y los padres son figuras fundamentales en este aprendizaje. La forma en que los padres manejan el dinero, toman decisiones financieras y hablan sobre el tema tiene un impacto directo en la percepción que los niños tienen sobre las finanzas. Ser conscientes de este impacto les brinda a los padres la oportunidad de convertirse en modelos a seguir positivos, demostrando la importancia del ahorro, el gasto responsable y la inversión.

C) Conversaciones Abiertas sobre Dinero

La comunicación abierta y honesta es clave en la formación financiera de los niños. Los padres pueden fomentar un ambiente donde los niños se sientan cómodos discutiendo temas relacionados con el dinero. Hablar sobre decisiones financieras familiares, explicar el proceso de presupuestar y compartir experiencias financieras personales son maneras efectivas de involucrar a los niños en conversaciones significativas sobre el dinero. Estas charlas proporcionan a los niños una comprensión más profunda de cómo funcionan las finanzas en la vida cotidiana.

D) Introducción Gradual a Conceptos Financieros

La educación financiera no tiene que ser complicada ni abrumadora. Los padres pueden introducir gradualmente conceptos financieros básicos de una manera que sea accesible y comprensible para los niños. Por ejemplo, al dar una mesada, los padres pueden enseñar sobre la importancia de dividir el dinero en categorías, como ahorros, gastos y donaciones. Al hacer las compras juntos, se pueden discutir decisiones sobre el valor y la necesidad de los productos, proporcionando a los niños lecciones prácticas sobre el gasto responsable.

E) Establecimiento de Metas y Recompensas

Involucrar a los niños en la creación de metas financieras proporciona un sentido de propósito y logro. Los padres pueden trabajar con sus hijos para establecer metas de ahorro, ya sea para un juguete especial, una actividad o incluso para el futuro. Celebrar los logros financieros, incluso los pequeños, refuerza la importancia de la autodisciplina y el ahorro. Este proceso no solo enseña sobre la gestión del dinero, sino que también promueve habilidades valiosas como la paciencia y la perseverancia.

F) Herramientas Educativas y Juegos Financieros

La educación financiera no tiene que ser aburrida; de hecho, puede ser muy divertida. Los padres pueden utilizar herramientas educativas y juegos diseñados para enseñar sobre dinero de una manera interactiva. Aplicaciones y juegos en línea pueden convertir lecciones financieras en experiencias emocionantes y atractivas para los niños. Estas herramientas no solo refuerzan conceptos clave, sino que también hacen que el aprendizaje sea divertido y memorable.

H) Involucramiento Activo en Decisiones Financieras

A medida que los niños crecen, los padres pueden involucrarlos más activamente en decisiones financieras familiares. Al permitir que los niños participen en la planificación de gastos, como la compra de útiles escolares o la elección de actividades extracurriculares, se les brinda una oportunidad valiosa para aprender sobre prioridades financieras y toma de decisiones informada. Este nivel de participación gradualmente les otorga responsabilidades financieras, preparándolos para decisiones más complejas en el futuro.

I) Fomento de la Independencia Financiera

A medida que los niños crecen, los padres pueden fomentar la independencia financiera al permitir que tomen decisiones y asuman responsabilidades financieras gradualmente. Establecer cuentas de ahorro personales, enseñar sobre tarjetas de débito y crédito, y discutir temas más avanzados como la inversión son formas efectivas de preparar a los adolescentes para el mundo financiero que encontrarán en la adultez.

El papel de los padres en la formación financiera de los niños es esencial para establecer las bases de un futuro financiero sólido. A través de ejemplos positivos, conversaciones abiertas y la participación activa en la toma de decisiones financieras, los padres pueden guiar a sus hijos hacia la independencia financiera y el éxito.

1.3 Objetivos y beneficios de enseñar a ahorrar, gastar e invertir desde la niñez

Objetivos de la Educación Financiera Infantil

1. Desarrollar Hábitos de Ahorro:

- *Meta:* Inculcar en los niños el hábito de ahorrar una parte de su dinero.
- *Cómo:* Fomentar el establecimiento de metas de ahorro, proporcionar alcancías y celebrar los logros alcanzados.

2. Enseñar el Valor del Gasto Responsable:

- *Meta:* Ayudar a los niños a comprender la diferencia entre necesidades y deseos.

- *Cómo:* Guiar a los niños en la toma de decisiones sobre compras, destacando la importancia de priorizar y planificar.

3. Introducir Conceptos Básicos de Inversión:

- *Meta:* Familiarizar a los niños con la idea de hacer que su dinero trabaje para ellos.
- *Cómo:* Introducir de manera simple conceptos como la inversión a largo plazo y cómo el dinero puede crecer con el tiempo.

4. Promover la Autodisciplina Financiera:

- *Meta:* Desarrollar la capacidad de resistir la gratificación instantánea y planificar para el futuro.
- *Cómo:* Establecer rutinas de ahorro, involucrar a los niños en la planificación de gastos y reforzar la paciencia como una virtud financiera.

5. Fomentar la Independencia Financiera Gradualmente:

- *Meta:* Preparar a los niños para tomar decisiones financieras más complejas a medida que crecen.
- *Cómo:* Proporcionar oportunidades para asumir responsabilidades financieras, como administrar una mesada o tomar decisiones de compra.

<u>Beneficios de Enseñar a Ahorrar, Gastar e Invertir desde la Niñez</u>
1. Desarrollo de Habilidades para la Vida:

- *Beneficio:* Los niños adquieren habilidades prácticas que les serán útiles a lo largo de su vida, como la gestión del presupuesto, la planificación y el ahorro.

2. Resiliencia Financiera:

- *Beneficio:* Al aprender a ahorrar para objetivos específicos, los niños desarrollan resiliencia financiera y están mejor preparados para enfrentar desafíos económicos.

3. Construcción de una Mentalidad Positiva hacia el Dinero:

- *Beneficio:* La educación financiera ayuda a cultivar una mentalidad positiva, reduciendo la ansiedad y fomentando una relación saludable con el dinero.

4. Inculcación de Valores Financieros:

- *Beneficio:* Se promueven valores como la responsabilidad, la honestidad y la generosidad a través de lecciones prácticas sobre ahorro, gasto y donación.

5. Mejora en el Rendimiento Académico:

- *Beneficio:* Varios estudios sugieren que los niños con conocimientos sólidos de educación financiera tienden a tener un mejor rendimiento académico en áreas como matemáticas y lectura.

6. Empoderamiento para Tomar Decisiones Informadas:

- *Beneficio:* Al comprender cómo funciona el dinero y cómo tomar decisiones financieras, los niños se sienten empoderados y confiados para enfrentar el futuro.

7. Fortalecimiento de Vínculos Familiares:

- *Beneficio:* La participación activa de los padres en la educación financiera crea oportunidades para el diálogo y fortalece los vínculos familiares.

8. Preparación para el Mundo Financiero Actual:

- *Beneficio:* Los niños que reciben educación financiera están mejor equipados para enfrentar el complejo mundo financiero actual, adaptándose a cambios y tomando decisiones informadas.

Enseñar a ahorrar, gastar e invertir desde la niñez es un regalo valioso que prepara a los niños para un futuro financiero exitoso. Los objetivos y beneficios de la educación financiera son vastos, y este capítulo destaca la importancia de invertir tiempo y esfuerzo en la formación financiera de los niños. Al hacerlo, no solo estamos construyendo una base sólida para sus vidas financieras, sino también contribuyendo a la construcción de una sociedad económicamente consciente y próspera.

Capítulo 2: Estableciendo las Bases para el Éxito Financiero

En este capítulo, exploraremos la importancia de crear una mentalidad financiera positiva en los niños, sentando las bases para un futuro financiero sólido y saludable. Una mentalidad financiera positiva es como una semilla que germina en la mente de los pequeños, cultivando actitudes y comportamientos que los acompañarán a lo largo de su vida.

2.1 Creando una mentalidad financiera positiva en los niños

A) Entendiendo la Mentalidad Financiera

La mentalidad financiera se refiere a la forma en que los niños piensan y sienten acerca del dinero. ¿Lo ven como algo estresante o como una herramienta que pueden utilizar para alcanzar sus metas? Crear una mentalidad financiera positiva implica fomentar una actitud optimista y constructiva hacia el dinero desde una edad temprana.

B) Importancia de una Mentalidad Financiera Positiva

1. Reducción de la Ansiedad Financiera. Una mentalidad financiera positiva reduce la ansiedad asociada con el dinero. Los niños aprenden a ver el dinero como algo manejable y no como una fuente de preocupación constante.

2. Fomento del Optimismo y la Confianza. Una mentalidad financiera positiva infunde optimismo y confianza en los niños. Se sienten capaces de enfrentar desafíos financieros con determinación y creatividad.

3. Desarrollo de Hábitos Saludables. Una mentalidad financiera positiva está vinculada a la formación de hábitos financieros saludables. Los niños son más propensos a ahorrar, gastar de manera responsable y pensar en el futuro.

4. Preparación para Decisiones Financieras más Complejas. Una mentalidad financiera positiva actúa como un trampolín para decisiones financieras más complejas en la adolescencia y la adultez. Los niños se sienten capacitados para tomar decisiones informadas.

C) Cómo Crear una Mentalidad Financiera Positiva

1. Conversaciones Abiertas y Positivas sobre Dinero:

- *Enfoque:* Hablar sobre el dinero de manera abierta y positiva.
- *Cómo:* Iniciar conversaciones positivas sobre la importancia del dinero, cómo puede ser una herramienta para lograr metas y cómo las decisiones financieras afectan positivamente la vida.

2. Establecer Asociaciones Positivas con el Ahorro:

- *Enfoque:* Vincular el ahorro con objetivos emocionantes.
- *Cómo:* Animar a los niños a establecer metas de ahorro para cosas que

les entusiasmen, como un juguete especial o una actividad divertida. Celebrar los logros de ahorro refuerza positivamente esta conexión.

3. Reforzar la Importancia del Valor y la Responsabilidad en el Gasto:

- *Enfoque:* Enseñar que el dinero tiene un valor y que gastar de manera responsable es una virtud.
- *Cómo:* Involucrar a los niños en decisiones de compra, discutiendo las diferencias entre necesidades y deseos. Enfatizar la satisfacción y la responsabilidad asociadas con el gasto reflexivo.

4. Introducción a Conceptos Financieros Básicos de Manera Lúdica:

- *Enfoque:* Hacer que aprender sobre dinero sea divertido.
- *Cómo:* Utilizar juegos y actividades que introduzcan conceptos financieros básicos de manera lúdica. Juegos de mesa, aplicaciones educativas y simulaciones pueden hacer que el aprendizaje sea interactivo y atractivo.

5. Modelar una Actitud Positiva hacia Desafíos Financieros:

- *Enfoque:* Mostrar cómo enfrentar desafíos financieros con una actitud positiva.
- *Cómo:* Compartir historias personales sobre cómo se superaron desafíos financieros, destacando el enfoque positivo y las lecciones aprendidas.

6. Celebrar Pequeños Logros Financieros:

- *Enfoque:* Reforzar el valor de los logros financieros, incluso los pequeños.
- *Cómo:* Celebrar los logros financieros, como alcanzar metas de ahorro, con elogios y recompensas pequeñas. Esto refuerza la conexión positiva entre esfuerzo financiero y recompensa.

7. Inculcar la Paciencia como una Virtud Financiera:

- *Enfoque:* Enseñar que el éxito financiero a menudo requiere paciencia.
- *Cómo:* Destacar situaciones donde la paciencia y la planificación a largo plazo llevaron a resultados positivos. Esto ayuda a los niños a comprender que algunas metas financieras valiosas llevan tiempo.

Crear una mentalidad financiera positiva en los niños es esencial para su bienestar financiero a lo largo de la vida. Este capítulo destaca la importancia de cultivar actitudes optimistas hacia el dinero y proporciona enfoques prácticos para que los padres, educadores y cuidadores promuevan una mentalidad financiera que capacite a los niños para enfrentar su futuro económico con confianza y éxito. Al sembrar estas semillas hoy, estamos construyendo cimientos sólidos para un mañana financiero positivo y próspero.

2.2 Enseñando conceptos básicos de ingresos y gastos

Entendiendo los Ingresos

¿Qué son los ingresos?

Los ingresos son como las semillas que plantamos para cosechar frutos. Son la cantidad de dinero que ganamos. Para los adultos, los ingresos pueden venir de trabajos, negocios u otras fuentes. Para los niños, los ingresos pueden ser la mesada que reciben o el dinero que ganan realizando pequeñas tareas.

Objetivo: Ayudar a los niños a comprender de dónde viene el dinero y cómo se gana.

Cómo enseñar sobre ingresos:

- Explorar las Fuentes de Ingresos Familiar:
    - Hablar sobre cómo los padres ganan dinero a través de trabajos o actividades empresariales.
    - Mostrar cómo la familia maneja los ingresos para satisfacer las necesidades y deseos.

- Mesada y Pequeñas Tareas:
    - Introducir la idea de una mesada como una forma de ingreso regular.
    - Asociar tareas o responsabilidades con la posibilidad de

obtener ingresos adicionales.

- Historias Sencillas sobre Ingresos:
    - Contar historias simples que ilustren cómo las personas ganan dinero.
    - Relacionar estas historias con situaciones cotidianas para que los niños puedan entender mejor.

Entendiendo los Gastos

¿Qué son los gastos?

Los gastos son como las hojas de un árbol que caen después de la cosecha. Representan la cantidad de dinero que gastamos en cosas que necesitamos o queremos. Los gastos pueden incluir alimentos, ropa, juguetes y otras cosas que compramos.

Objetivo: Ayudar a los niños a comprender la importancia de gastar de manera consciente y responsable.

Cómo enseñar sobre gastos:

- Identificar Necesidades y Deseos:
    - Discutir la diferencia entre lo que necesitamos (como comida y ropa) y lo que queremos (como juguetes y golosinas).
    - Mostrar cómo los ingresos se destinan a cubrir estas necesidades y deseos.

- Hacer un Presupuesto Simpático:
    - Introducir la idea de un presupuesto simple.
    - Ayudar a los niños a asignar parte de sus ingresos (como la mesada) a diferentes categorías, como ahorro, gastos esenciales y diversión.

- Practicar la Toma de Decisiones:
    - Presentar escenarios simples donde los niños deben tomar decisiones sobre cómo gastar su dinero.
    - Reflexionar sobre las elecciones y discutir cómo podrían haberse hecho de manera diferente.

<u>Relacionando Ingresos y Gastos</u>

¿Por qué es importante relacionar ingresos y gastos?

La relación entre ingresos y gastos es como un equilibrio en una cuerda floja. Si gastamos más de lo que ganamos, perdemos el equilibrio. Pero si aprendemos a gastar sabiamente, mantenemos el equilibrio financiero.

Objetivo: Enseñar a los niños cómo equilibrar sus ingresos y gastos para construir una base financiera sólida.

Cómo enseñar la relación entre ingresos y gastos:

- Introducir la Idea de Equilibrio:
    - Explicar que es esencial equilibrar los ingresos y los gastos para tener un buen manejo del dinero.
    - Utilizar ejemplos sencillos para ilustrar cómo el gasto excesivo puede desequilibrar las finanzas.

- Juegos de Roles:
    - Realizar juegos de roles donde los niños actúan como "gerentes de dinero".
    - Simular situaciones donde deben tomar decisiones sobre cómo asignar ingresos para satisfacer necesidades y deseos.

- Seguimiento de Gastos:
    - Ayudar a los niños a llevar un registro simple de sus gastos.
    - Revisar juntos cómo se están utilizando los ingresos y discutir formas de mejorar el equilibrio.

<u>Beneficios de Aprender sobre Ingresos y Gastos</u>

1. Desarrollo de Habilidades Prácticas. Los niños adquieren habilidades prácticas para gestionar su dinero desde una edad temprana.

2. Conciencia de la Importancia del Equilibrio. Comprenden la importancia de equilibrar los ingresos y los gastos para mantener una situación financiera estable.

3. Toma de Decisiones Informada. Aprenden a tomar decisiones informadas sobre cómo asignar su dinero, desarrollando habilidades de toma de decisiones.

4. Preparación para el Futuro. Establecen una base sólida para enfrentar decisiones financieras más complejas a medida que crecen.

5. Construcción de Conciencia Financiera. Desarrollan una conciencia financiera que les permite comprender mejor el valor del dinero y cómo afecta sus vidas.

Enseñar a los niños sobre ingresos y gastos es como plantar la semilla del conocimiento financiero. Este capítulo destaca la importancia de comprender estos conceptos básicos para construir una base financiera sólida. Al proporcionar a los niños las herramientas para manejar su dinero de manera efectiva, les estamos dando una ventaja valiosa en la creación de un futuro financiero exitoso y consciente.

2.3 Desarrollando hábitos financieros saludables desde la infancia

1. Comprendiendo la Importancia de los Hábitos Financieros:

¿Qué son los hábitos financieros?

Los hábitos financieros son como las sendas que caminamos todos los días. Son las acciones repetidas que realizamos en relación con el dinero. Al desarrollar buenos hábitos financieros, los niños aprenden a tomar decisiones positivas y a construir un camino hacia la estabilidad financiera. Mostrar a los niños cómo pequeñas acciones diarias pueden tener un gran impacto en su bienestar financiero.

Cómo enseñar sobre hábitos financieros

- Introducir la Rutina Financiera:
    - Explicar que, al igual que tienen rutinas para otras actividades, también pueden tener una rutina financiera.
    - Establecer momentos regulares para revisar la mesada, planificar gastos y hacer un seguimiento de los ahorros.

- Relacionar Hábitos Diarios con Resultados Financieros:
    - Asociar acciones diarias con sus efectos a largo plazo en las finanzas.
    - Ejemplos: ahorrar una pequeña cantidad cada semana puede

llevar a tener suficiente dinero para un artículo especial.

-
  - Enseñar sobre la autodisciplina y cómo ayuda a mantener hábitos financieros saludables.
  - Mostrar que resistir la tentación de gastar impulsivamente puede llevar a mejores resultados financieros.

2. Desarrollando Hábitos Específicos
1. Hábito de Ahorro:

- Cómo enseñar: Introducir la idea de ahorrar una pequeña parte de cualquier ingreso, como mesada o regalos.
- Reforzar: Celebrar los logros de ahorro, por pequeños que sean, para cultivar una actitud positiva hacia el hábito de ahorrar.

2. Hábito de Presupuestar:

- Cómo enseñar: Ayudar a los niños a planificar cómo asignarán su dinero para diferentes categorías, como ahorro, gastos esenciales y diversión.
- Reforzar: Revisar juntos el presupuesto y ajustarlo según sea necesario, enseñando la flexibilidad y la planificación a largo plazo.

3. Hábito de Comprar Reflexivamente:

- Cómo enseñar: Enseñar la diferencia entre necesidades y deseos para tomar decisiones de compra reflexivas.
- Reforzar: Practicar la toma de decisiones al comprar, discutiendo si un artículo es realmente necesario o si es mejor esperar.

4. Hábito de Donar o Compartir:

- Cómo enseñar: Introducir la idea de dar una pequeña parte del dinero a organizaciones benéficas o a quienes lo necesiten.
- Reforzar: Participar juntos en actividades caritativas, mostrando cómo el acto de dar puede ser gratificante.

3. Beneficios de Desarrollar Hábitos Financieros Saludables

A) Estabilidad Financiera a Largo Plazo. Desarrollar hábitos financieros sólidos contribuye a una mayor estabilidad financiera a medida que los niños crecen.

B) Toma de Decisiones Informada. Al tener hábitos financieros saludables, los niños están mejor equipados para tomar decisiones informadas sobre su dinero.

C) Construcción de Resiliencia Financiera. Los hábitos financieros saludables actúan como un escudo protector, ayudando a los niños a enfrentar desafíos financieros con resiliencia.

D) Creación de una Mentalidad Positiva hacia el Dinero. Los hábitos financieros positivos están conectados a una mentalidad positiva hacia el dinero, reduciendo el estrés financiero.

E) Desarrollo de Habilidades de Autogestión. Al cultivar hábitos financieros, los niños aprenden habilidades valiosas de autogestión que los acompañarán en la vida adulta.

Desarrollar hábitos financieros saludables desde la infancia es como plantar semillas para un jardín próspero. Este capítulo destaca la importancia de inculcar hábitos positivos que guiarán a los niños en la gestión de su dinero a lo largo de sus vidas. Al enseñarles a ahorrar, presupuestar y tomar decisiones reflexivas, les estamos dando las herramientas necesarias para construir un futuro financiero sólido y exitoso.

Capítulo 3: Ahorro Inteligente desde la Infancia

En este capítulo, exploraremos un tema crucial que afecta nuestras vidas de muchas maneras: el ahorro. Aunque puede sonar abrumador, entender la importancia del ahorro, especialmente desde la infancia, es como construir una sólida base para un edificio. Esta base, bien establecida desde temprana edad, nos proporciona estabilidad financiera a lo largo de nuestra vida.

3.1 La importancia del ahorro como base para la estabilidad financiera

<u>¿Qué es el Ahorro y por qué es Importante?</u>

Antes de sumergirnos en los beneficios del ahorro, es esencial comprender qué significa realmente. En términos sencillos, el ahorro es apartar una parte de nuestro dinero en lugar de gastarlo todo de inmediato. Este dinero guardado se convierte en nuestra red de seguridad financiera.

<u>Estabilidad Financiera desde la Infancia</u>

Imagina que eres como un árbol. Cuando plantas una semilla, necesitas cuidarla para que crezca fuerte y resistente. Lo mismo ocurre con el ahorro desde la infancia. Al comenzar a ahorrar temprano, estás plantando la semilla de la estabilidad financiera. Aquí hay algunas razones clave por las cuales este proceso es tan importante:

- **Hábitos Saludables:** Ahorrar desde una edad temprana ayuda a desarrollar hábitos financieros saludables. Como aprender a cepillarse los dientes, el ahorro se convierte en una rutina que se arraiga en nuestro día a día.

- **Preparación para el Futuro:** La vida está llena de sorpresas, algunas agradables y otras no tanto. Ahorrar te permite estar preparado para lo desconocido, como emergencias médicas, reparaciones del hogar o incluso oportunidades educativas.

- **Independencia Financiera:** El ahorro inteligente crea independencia financiera. No dependerás completamente de otros para tus necesidades. Tendrás la capacidad de tomar decisiones financieras importantes sin estar limitado por las circunstancias.

- **Cumplir Metas y Sueños:** Ya sea comprar tu primera bicicleta o pagar la universidad, el ahorro te acerca a tus metas y sueños. Es como tener tu propio superpoder que te ayuda a convertir tus deseos en realidad.

<u>Cómo Iniciar el Ahorro desde la Infancia</u>

Ahorrar desde la infancia no significa renunciar a todas las cosas divertidas. Es más como aprender a equilibrar tus gastos y ahorros. Aquí hay algunos pasos simples para comenzar tu viaje de ahorro inteligente:

- **La Hucha Mágica:** Consigue una hucha o una caja especial para tus ahorros. Cada vez que recibas dinero, ya sea por una mesada o por hacer pequeñas tareas, guarda una parte en tu hucha. Ver cómo crece te dará una sensación de logro.

- **Establece Metas Pequeñas:** Define metas realistas para tus ahorros. Puede ser ahorrar lo suficiente para comprar ese juguete que tanto quieres o para tener un día especial con la familia. Las metas pequeñas te ayudan a mantenerte enfocado.

- **Aprende a Distinguir entre Necesidades y Deseos:** Es esencial entender la diferencia entre lo que necesitas y lo que simplemente deseas. Prioriza tus necesidades y destina una parte de tus ahorros para cumplirlas antes de considerar tus deseos.

- **Involucra a tus Padres o Guardianes:** Habla con tus padres o guardianes sobre tus esfuerzos de ahorro. Ellos pueden brindarte orientación y tal vez incluso ayudarte a establecer una cuenta de ahorros en un banco.

El ahorro desde la infancia sienta las bases para una vida financiera estable y exitosa. Es como construir un fuerte castillo de sueños y metas. Al entender la importancia del ahorro y aplicar hábitos financieros saludables desde pequeños, estamos preparando el terreno para un futuro sólido y prometedor.

Recuerda, el ahorro no es solo para adultos. ¡Incluso los niños pueden comenzar a construir su camino hacia la estabilidad financiera hoy! Así que, ¿por qué esperar?

3.2 Estrategias divertidas para enseñar a los niños a ahorrar

1. La Caza del Tesoro de las Monedas Escondidas

Imagina un emocionante juego de búsqueda del tesoro, ¡pero con monedas reales! Esta estrategia transforma el ahorro en una aventura emocionante. Aquí está cómo puedes hacerlo:

- **Preparativos:** Escoge un día especial para la caza del tesoro. Antes de comenzar, esconde monedas alrededor de la casa o el jardín.

- **Mapa del Tesoro:** Crea un mapa del tesoro simple con pistas sobre dónde se esconden las monedas. Esto no solo será divertido, sino que también estimulará la mente del niño.
- **¡A Buscar!:** Dale el mapa al niño y observa cómo se embarca en la aventura. Cada vez que encuentre una moneda, agrégala a su hucha mágica. ¡Al final del día, contarán juntos el tesoro acumulado!

Esta estrategia no solo enseña a los niños a ahorrar, sino que también les inculca la idea de que el ahorro puede ser tan emocionante como una caza del tesoro.

2. La Tienda de Ahorros Personalizada

¿Qué tal convertir el ahorro en una experiencia de compra personalizada? Aquí tienes una manera divertida de hacerlo:

- **Dinero Ficticio:** Crea tu propia moneda ficticia. Pueden ser billetes y monedas de papel coloreados o incluso fichas hechas en casa. Asigna un valor a cada tipo de dinero ficticio.
- **Tienda de Ahorros**: Organiza una pequeña tienda en casa con artículos pequeños que puedan interesar a los niños, como juguetes pequeños, golosinas o libros.
- **Ganar y Gastar:** Asigna tareas o metas que los niños deben alcanzar para ganar dinero ficticio. Pueden ser cosas simples, como hacer la cama, ayudar en la limpieza o completar tareas escolares.
- **Compras Divertidas:** Una vez que hayan acumulado suficiente dinero ficticio, pueden visitar la tienda de ahorros y "comprar" los artículos que deseen. Este proceso les enseñará sobre el valor del dinero y cómo el ahorro puede convertirse en recompensas divertidas.

3. El Desafío de los Frascos de Ahorro

Esta estrategia utiliza frascos transparentes para visualizar el proceso de ahorro. Sigue estos pasos:

- **Frascos Transparentes:** Proporciona tres frascos transparentes etiquetados como "Ahorro", "Gasto" y "Compartir". Explica a los niños el propósito de cada frasco.

- **Divide el Dinero:** Cada vez que reciban dinero, ya sea mesada o regalos, divídelo entre los tres frascos. Una parte va al frasco de ahorro para metas personales, otra al frasco de gasto para compras personales y la tercera al frasco de compartir para regalos o donaciones.
- **Visualización:** Ver cómo los frascos se llenan y se vacían les brinda una comprensión visual del flujo del dinero. Puedes incluso establecer metas específicas, como llenar el frasco de ahorro para comprar algo especial.

Este método no solo enseña a los niños a ahorrar para sí mismos, sino que también fomenta la importancia de compartir con los demás.

El ahorro no tiene que ser aburrido ni complicado. Al incorporar estrategias divertidas y creativas, los niños no solo aprenden sobre la importancia del ahorro, sino que también disfrutan del proceso. Estas lecciones no solo son valiosas en términos financieros, sino que también construyen habilidades para toda la vida.

3.3 Creando metas de ahorro y recompensas para motivar a los niños

A) Entendiendo el Poder de las Metas

Imagina tener un mapa que te guía hacia un tesoro. Las metas de ahorro son como esos mapas, marcando el camino hacia logros financieros. Al establecer metas, los niños aprenden a planificar, a ser pacientes y a ver el valor del esfuerzo continuo.

B) Pasos para Crear Metas de Ahorro Significativas

- **Identificación de Deseos:** Comienza conversando con los niños sobre lo que desean lograr o tener. Pueden ser juguetes, libros, una bicicleta nueva o incluso una salida especial con amigos.
- **Establecimiento de Metas Realistas:** Ayuda a los niños a establecer metas alcanzables. Divide metas más grandes en pasos pequeños para que parezcan menos abrumadoras. Esto les dará un sentido de logro a medida que alcancen cada paso.

- **Visualización de Metas**: Usa imágenes o dibujos para representar las metas. Esto ayuda a los niños a visualizar lo que están ahorrando y crea una conexión emocional con sus objetivos.
- **Registro de Progreso**: Mantén un registro visual del progreso. Pueden colorear o marcar cada paso alcanzado. Ver cómo se acercan a su meta es motivador y refuerza la importancia del ahorro constante.

C) Recompensas: La Chispa que Mantiene Encendida la Motivación

Las recompensas son como estrellas brillantes en el camino hacia las metas. Al recibir algo especial por sus esfuerzos, los niños comprenden el valor de la persistencia y el ahorro. Aquí hay algunos enfoques para incorporar recompensas de manera efectiva:

- **Pequeñas Celebraciones**: Celebra cada logro, sin importar cuán pequeño sea. Puede ser una noche especial de películas, una merienda favorita o un juego en familia. Estas pequeñas celebraciones refuerzan la conexión entre el esfuerzo y la recompensa.
- **Recompensas Relacionadas**: Intenta que las recompensas estén relacionadas con la meta. Si el objetivo es ahorrar para una bicicleta, la recompensa podría ser un accesorio para la bicicleta o incluso una salida en bicicleta.
- **Involucra a la Familia:** Pide a familiares y amigos que se unan a la celebración. A veces, recibir felicitaciones y apoyo externo refuerza el valor del logro.
- **Diálogo Abierto:** Después de alcanzar una meta, habla con los niños sobre cómo se sintieron al lograrlo. Esto refuerza la conexión emocional entre el esfuerzo y la satisfacción.

D) Ejemplos Prácticos de Metas y Recompensas

- **El Mundo del Libro Mágico:** Si a tu hijo le encanta leer, establecer una meta para comprar un libro especial puede ser emocionante. La recompensa podría ser una noche de lectura en familia o la oportunidad de elegir otro libro nuevo.

- **La Aventura de la Bicicleta:** Para aquellos que sueñan con una nueva bicicleta, establecer metas por etapas puede funcionar. La recompensa después de alcanzar cada etapa podría ser un accesorio para la bicicleta, como un timbre colorida o luces divertidas.

- **El Proyecto de Arte Especial:** Para los pequeños artistas, ahorrar para un conjunto de arte especial puede ser la meta. La recompensa podría ser un día dedicado a la creación de obras maestras en casa.

E) La Importancia del Aprendizaje Continuo

A medida que los niños alcanzan sus metas y disfrutan de las recompensas, están aprendiendo lecciones valiosas que los acompañarán en su viaje financiero. Aquí hay algunos puntos clave que refuerzan la importancia de estas experiencias:

- **La Paciencia es una Virtud:** Al alcanzar metas paso a paso, los niños aprenden a ser pacientes y a valorar el proceso.

- **El Esfuerzo Tiene Recompensas:** Ver que sus esfuerzos se traducen en recompensas refuerza la conexión entre trabajo duro y éxito.

- **El Dinero Tiene Propósito:** Al asignar un propósito a su dinero, los niños aprenden que cada centavo cuenta y tiene un valor.

- **Hábitos Financieros Saludables:** Establecer metas y recibir recompensas fomenta hábitos financieros saludables que los niños llevarán consigo a lo largo de sus vidas.

Establecer metas de ahorro y disfrutar de recompensas no solo enseña a los niños sobre el valor del dinero, sino que también crea una base sólida para su futuro financiero. Hacer del ahorro una experiencia emocionante y gratificante les proporciona herramientas valiosas para toda la vida.

Capítulo 4: El Arte de Gastar con Responsabilidad

Bienvenidos al capítulo cuatro de nuestro libro, donde exploraremos el fascinante mundo de gastar con responsabilidad. En este capítulo, nos enfocaremos en cómo cultivar la responsabilidad en las decisiones de gasto, una habilidad crucial para una vida financiera saludable y equilibrada.

4.1 Fomentando la responsabilidad en las decisiones

de gasto

¿Qué Significa Gastar con Responsabilidad?

Antes de sumergirnos en cómo fomentar la responsabilidad en las decisiones de gasto, es vital entender qué significa exactamente "gastar con responsabilidad". En términos simples, gastar con responsabilidad implica tomar decisiones informadas y conscientes sobre cómo utilizamos nuestro dinero. No se trata solo de gastar menos, sino de gastar de manera inteligente y alineada con nuestras metas y valores.

Fomentando la Responsabilidad desde una Edad Temprana

Inculcar la responsabilidad en las decisiones de gasto desde la infancia es como sembrar semillas que crecerán en árboles fuertes y saludables. Aquí hay algunas estrategias para fomentar esta responsabilidad desde temprano:

- **La Mesada como Herramienta Educativa:** En lugar de dar dinero sin razón, considera establecer una mesada regular para tus hijos. Esto les brinda la oportunidad de administrar su propio dinero y tomar decisiones sobre cómo gastarlo.

- **Establecimiento de Prioridades:** Ayuda a los niños a comprender la importancia de establecer prioridades al gastar. Pregúntales sobre lo que realmente desean y ayúdales a clasificar sus necesidades y deseos. Esto construye una base para decisiones de gasto más reflexivas.

- **Conversaciones Abiertas sobre Dinero:** Fomenta un ambiente donde se pueda hablar abiertamente sobre el dinero. Responde a las preguntas de los niños y explícales cómo funcionan las finanzas en términos simples. Cuanto más comprendan, mejor podrán tomar decisiones informadas.

- **Experiencias Prácticas:** Brinda a los niños oportunidades prácticas para tomar decisiones de gasto. Esto podría incluir llevarlos de compras y permitirles elegir productos dentro de un presupuesto establecido. Las experiencias prácticas fortalecen las lecciones teóricas.

Enseñando el Valor del Dinero y las Decisiones Conscientes

Gastar con responsabilidad no solo se trata de administrar el dinero, sino también de entender su valor y tomar decisiones conscientes. Aquí hay algunas estrategias para enseñar estos aspectos importantes:

El Valor del Trabajo Duro: Relaciona el dinero con el esfuerzo. Explícales a los niños que el dinero no aparece mágicamente; proviene del trabajo duro y del tiempo dedicado. Esto les ayuda a apreciar más lo que tienen y a tomar decisiones más conscientes.

La Diferencia entre Necesidades y Deseos: Ayuda a los niños a comprender la distinción entre lo que necesitan y lo que simplemente desean. Esto les permite priorizar gastos y tomar decisiones basadas en la importancia de cada cosa.

El Rol del Ahorro: Refuerza la conexión entre gastar y ahorrar. Explícales cómo tomar decisiones de gasto inteligentes puede liberar dinero para el ahorro, lo cual es esencial para enfrentar imprevistos y alcanzar metas a largo plazo.

Evaluación de Opciones: Enseña a los niños a evaluar diferentes opciones antes de tomar una decisión de gasto. Esto podría incluir comparar precios, leer reseñas y pensar en las consecuencias a corto y largo plazo de sus elecciones.

<u>**Tomando Decisiones con Conciencia Financiera**</u>

A medida que los niños crecen, es crucial que desarrollen una conciencia financiera que los guíe en sus decisiones de gasto. Aquí hay algunas estrategias para cultivar esta conciencia:

- **Planificación Financiera Personal:** Ayuda a los niños a crear un plan financiero personal. Esto podría incluir establecer metas de gasto, asignar un presupuesto y hacer un seguimiento regular de sus finanzas.

- **Practicar la Gratificación Demorada:** Enseña a los niños a no ceder a la tentación instantánea y a practicar la gratificación demorada. Comprender que esperar puede llevar a recompensas mayores es una lección valiosa.

- **Decisiones Éticas de Gasto:** Conversa sobre la ética en el gasto. Explícales cómo las decisiones de compra pueden tener un impacto en otras personas y en el medio ambiente. Fomenta la responsabilidad social en sus elecciones de consumo.

- **Aprender de los Errores:** Permíteles cometer errores pequeños. Si toman decisiones de gasto que no resultan como esperaban, utiliza estas situaciones como oportunidades de aprendizaje. Discute qué podrían hacer de manera diferente la próxima vez.

Enseñar a los niños a gastar con responsabilidad es como darles un mapa para navegar por la vida financiera. Fomentar la responsabilidad desde una edad temprana, enseñar el valor del dinero y cultivar una conciencia financiera son pasos cruciales en este viaje.

4.2 Enseñando la diferencia entre necesidades y deseos

1. Entendiendo las Necesidades y los Deseos

Antes de profundizar, echemos un vistazo a lo que significan realmente las necesidades y los deseos. En términos simples:

- **Necesidades:** Son cosas que son esenciales para nuestra vida diaria y para vivir de manera saludable y segura. Ejemplos incluyen alimentos nutritivos, ropa adecuada y un lugar seguro para vivir.
- **Deseos:** Son cosas que no son esenciales para nuestra supervivencia, pero que nos hacen sentir bien o nos dan placer. Pueden ser juguetes, dispositivos electrónicos, ropa de moda, entre otros.

2. Por qué es Importante Enseñar esta Diferencia

Enseñar la diferencia entre necesidades y deseos es crucial porque sienta las bases para tomar decisiones de gasto informadas y conscientes. Aquí hay algunas razones por las cuales esto es tan importante:

- **Priorizar Gastos**: Al entender lo que realmente necesitamos frente a lo que simplemente queremos, podemos priorizar nuestros gastos. Esto significa asegurarnos de satisfacer nuestras necesidades antes de gastar en nuestros deseos.
- **Manejar Presiones del Consumo:** Vivimos en un mundo donde constantemente se nos anima a comprar cosas nuevas y emocionantes. Comprender la diferencia entre necesidades y deseos nos ayuda a resistir estas presiones y tomar decisiones más conscientes.
- **Preservar Recursos Financieros:** Al identificar y satisfacer nuestras necesidades primero, podemos asegurarnos de que nuestro dinero se destine a lo más importante. Esto es esencial para la estabilidad financiera a corto y largo plazo.
- **Fomentar la Gratificación Demorada:** Comprender que los deseos pueden esperar mientras se satisfacen las necesidades ayuda a cultivar la habilidad de esperar y apreciar aún más nuestras recompensas.

3. Estrategias Prácticas para Enseñar la Diferencia

Ahora, exploremos algunas estrategias prácticas y efectivas para enseñar la diferencia entre necesidades y deseos a los niños:

Lista de Necesidades y Deseos: Crea una lista visual con los niños que clasifique cosas como "Necesidades" y "Deseos". Discute cada elemento para asegurarte de que comprendan por qué está en cada categoría.

Juego de Rol: Realiza juegos de rol donde los niños actúen como compradores. Dales situaciones y pídeles que decidan si es una necesidad o un deseo. Esto hace que el aprendizaje sea interactivo y divertido.

Historias Ilustradas: Crea historias ilustradas que destaquen situaciones comunes donde se presenten necesidades y deseos. Esto ayuda a los niños a relacionarse y aplicar estos conceptos a su propia vida.

Proyecto de Recortes: Invita a los niños a recortar imágenes de revistas o imprimir imágenes de internet que representen necesidades y deseos. Luego, pueden crear un collage clasificando las imágenes en categorías.

4. Ejemplos Prácticos para Niños

- **La Comida Nutritiva como Necesidad:** Explica que la comida saludable es una necesidad. Muestra cómo pueden elegir alimentos nutritivos y luego discute cómo algunos dulces y golosinas son deseos que deben disfrutarse con moderación.

- **La Ropa Adecuada como Necesidad:** Enséñales que tener ropa adecuada para el clima es una necesidad. Luego, explora cómo la ropa de moda y los accesorios pueden ser deseos divertidos pero no esenciales.

- **La Vivienda Segura como Necesidad:** Discute que vivir en un lugar seguro es una necesidad. Luego, contrasta esto con deseos como tener una habitación temática o lujos que no son esenciales para la seguridad.

- **La Educación como Necesidad:** Resalta la educación como una necesidad. Puedes explicar que los libros y materiales escolares son necesidades, mientras que los juegos y juguetes educativos pueden considerarse deseos.

Enseñar la diferencia entre necesidades y deseos es una inversión en el futuro financiero de los niños. Al proporcionarles las herramientas para tomar decisiones de gasto conscientes, les estamos dando una brújula que los guiará hacia una vida financiera saludable y equilibrada.

4.3 Estrategias para planificar y controlar los gastos desde una edad temprana

A) La Importancia de Planificar y Controlar los Gastos

Antes de sumergirnos en estrategias específicas, reflexionemos sobre por qué planificar y controlar los gastos es tan esencial:

- **Estabilidad Financiera:** Planificar y controlar los gastos es fundamental para mantener la estabilidad financiera. Ayuda a evitar deudas innecesarias y asegura que el dinero se utilice de manera inteligente.
- **Desarrollo de Hábitos Saludables:** Inculcar la planificación financiera desde temprano establece hábitos saludables que durarán toda la vida. Los niños aprenden a tomar decisiones conscientes y a priorizar sus necesidades y deseos.
- **Preparación para el Futuro:** Planificar y controlar los gastos desde una edad temprana prepara a los niños para enfrentar desafíos financieros en el futuro. Les brinda herramientas para manejar situaciones difíciles y tomar decisiones informadas.
- **Empoderamiento Financiero:** Al entender cómo planificar y controlar los gastos, los niños se vuelven financieramente empoderados. Tienen la capacidad de tomar el control de su dinero y de trabajar hacia metas financieras significativas.

B) Estrategias Prácticas para Enseñar a Planificar y Controlar Gastos

Presupuesto para Niños:

- Mesadas con Propósito: Establece una mesada regular para tus hijos y ayúdales a crear un presupuesto. Divide la mesada en categorías como ahorro, gastos personales y, si es posible, caridad.
- Seguimiento Visual: Usa gráficos simples o tablas para visualizar el presupuesto. Esto ayuda a los niños a ver cómo están asignando su dinero y a ajustar según sea necesario.

Metas de Ahorro Específicas:

- Identificación de Metas: Ayuda a los niños a establecer metas de ahorro específicas. Pueden ser para juguetes, actividades especiales o incluso para contribuir a un proyecto familiar.

- División de Ahorros: Divide las metas de ahorro en pasos más pequeños. Esto hace que las metas parezcan más alcanzables y proporciona hitos para celebrar.

Compras Conscientes:

- Listas de Compras: Enséñales a hacer listas de compras antes de ir de compras. Esto ayuda a enfocarse en lo necesario y evita compras impulsivas.
- Comparación de Precios: Explícales la importancia de comparar precios antes de comprar algo. Pueden hacer esto en línea o en la tienda para asegurarse de obtener el mejor valor.

Estrategias para Decidir entre Necesidades y Deseos:

- Discusiones Abiertas: Fomenta conversaciones abiertas sobre las decisiones de gasto. Pregunta a los niños si lo que desean es una necesidad o un deseo y explora juntos las razones detrás de cada elección.
- Juegos de Rol: Realiza juegos de rol donde simulen situaciones de compra y tengan que decidir entre necesidades y deseos.

Aprender de la Experiencia:

- Errores como Oportunidades de Aprendizaje: Permíteles cometer errores pequeños en la gestión del dinero. Utiliza estas situaciones como oportunidades de aprendizaje para discutir cómo podrían tomar decisiones diferentes en el futuro.
- Revisión Periódica: De manera regular, revisa con ellos sus decisiones de gasto y analiza cómo podrían mejorar. Esto refuerza el hábito de la reflexión y el aprendizaje continuo.

C) Ejemplos Prácticos para Niños

La Tienda del Ahorro:

- Establece una Tienda Imaginaria: Crea una tienda imaginaria en casa con artículos a diferentes precios. Los niños pueden "comprar" usando su mesada y practicar decisiones de gasto conscientes.
- Reflexión Post-Compra: Después de la "compra", discute por qué eligieron ciertos productos y si cambiarían algo en retrospectiva.

El Proyecto de Ahorro para Juguetes:

- Elección del Juguete: Pide a los niños que seleccionen un juguete que les gustaría comprar.
- Establecimiento de Metas de Ahorro: Ayúdales a dividir el costo del juguete en pasos alcanzables. Pueden asignar una parte de su mesada cada semana para lograr la meta.

La Lista de Compras Familiar:

- Contribuciones a la Lista: Invita a los niños a contribuir a la lista de compras familiar. Pueden agregar artículos que consideren necesarios y discutir por qué cada artículo es importante.
- Presupuesto para la Lista: Si es posible, asigna un presupuesto para la lista de compras familiar y pide a los niños que ayuden a mantenerse dentro de ese límite.

Enseñar a los niños a planificar y controlar los gastos desde una edad temprana es como proporcionarles un mapa para su viaje financiero. Al cultivar estas habilidades, les estamos brindando las herramientas necesarias para tomar decisiones de gasto informadas y responsables a lo largo de sus vidas.

Capítulo 5: Iniciación a la Inversión para Niños y Adolescentes

¡Bienvenidos al fascinante mundo de la inversión! En este capítulo, nos sumergiremos en el emocionante concepto de inversión, pero de una manera fácil de entender para niños y adolescentes. La inversión puede sonar como algo para adultos, ¡pero descubriremos que es algo que todos pueden entender y aprender a disfrutar!

5.1 Comprendiendo el concepto de inversión de manera sencilla

1. ¿Qué es la Inversión?

Imagina que tienes una hucha especial. Cada vez que pones algo de dinero en esa hucha, ¡crece un poquito! La inversión es como eso, pero en lugar de una hucha, estás poniendo tu dinero en lugares especiales para que crezca y se multiplique con el tiempo.

En términos simples, la inversión es hacer que tu dinero trabaje para ti. En lugar de solo ahorrar, donde el dinero se queda igual, con la inversión, ¡puedes hacer que tu dinero crezca y se convierta en más dinero en el futuro!

2. Entendiendo el "Trabajo" del Dinero en la Inversión

Para entender mejor cómo funciona, piensa en tu dinero como si fuera un trabajador pequeñito que va a hacer tareas para ti. Cuando inviertes, estás diciendo a tu dinero: "Ve y trabaja por mí". Entonces, tu dinero va a diferentes lugares especiales llamados "inversiones" y hace cosas para ayudarte a tener más dinero en el futuro.

3. Tipos Sencillos de Inversiones para Niños y Adolescentes

- **Cuentas de Ahorro con Intereses:**
    - ¿Cómo Funciona?: Algunos bancos ofrecen cuentas de ahorro especiales que dan un poquito de dinero extra llamado "interés".
    - Trabajo del Dinero: Tu dinero trabaja ganando más dinero por sí mismo mientras está en la cuenta de ahorro.

- **Cuentas de Inversión para Niños:**
    - ¿Cómo Funciona?: Es como una hucha moderna en línea. Puedes poner tu dinero en acciones de empresas que te gustan.
    - Trabajo del Dinero: El dinero va y crece cuando las empresas en las que inviertes hacen bien.

- **Fondos de Inversión:**
    - ¿Cómo Funciona?: Mucha gente junta su dinero en un "fondo" y un experto lo invierte en muchas cosas diferentes.
    - Trabajo del Dinero: Tu dinero se une al de otras personas para hacer inversiones más grandes y obtener más beneficios.

- **Cuentas de Jubilación para Niños:**
    - ¿Cómo Funciona?: Algunos lugares permiten que los niños comiencen a ahorrar para cuando sean mayores. Es como una hucha especial para el futuro.
    - Trabajo del Dinero: El dinero trabaja creciendo a lo largo del tiempo para que tengas más cuando lo necesites.

4. Juegos y Actividades para Entender la Inversión
El Juego del Crecimiento Mágico:

- Materiales Necesarios: Hucha, monedas o billetes de mentira.
- Cómo Jugar: Cada vez que pongas dinero en la hucha, imagina que crece mágicamente. Después de un tiempo, ¡abre la hucha y observa cuánto ha crecido tu dinero mágico!

La Carrera de las Inversiones:

- Materiales Necesarios: Juegos de tablero, piezas pequeñas, tarjetas con ideas de inversión.
- Cómo Jugar: Juega un juego de carrera donde los jugadores eligen inversiones en el camino. ¡Gana el jugador cuyas inversiones crezcan más al final del juego!

Caza del Tesoro de Inversiones:

- Materiales Necesarios: Hojas de papel, lápices, lista de cosas para encontrar.
- Cómo Jugar: Haz una lista de cosas relacionadas con inversiones (como un banco, una empresa famosa) y sal a buscarlas. Cada vez que encuentres algo, habla sobre cómo podría estar relacionado con la inversión.

5. Preguntas Frecuentes sobre Inversiones para Niños

- **¿Puedo perder mi dinero?**
    - Sí, como en cualquier juego, siempre hay un poco de riesgo. Pero si eliges bien y esperas el tiempo suficiente, ¡es más

probable que ganes!

- **¿Cuándo puedo usar el dinero que crece?**
  - Algunas inversiones te permiten usar el dinero crecido cuando lo necesitas, como para comprar algo especial o cuando seas más grande.
- **¿Cómo sé qué elegir para invertir?**
  - Puedes elegir cosas que te gusten o empresas que conozcas. También puedes pedir ayuda a tus padres o a personas que saben sobre inversiones.

5.2 Introducción a las diferentes formas de inversión para niños

A) La Magia de Elegir Cómo Hacer Crecer tu Dinero

Imagina que tienes una caja mágica y puedes decidir qué hacer con el dinero que pones dentro. Hay muchas maneras diferentes de hacer que tu dinero crezca, y cada una tiene su propia magia especial. Vamos a explorar algunas de estas formas mágicas de invertir.

1. Cuentas de Ahorro con Intereses

Esta es la forma más sencilla de invertir. Es como tener una hucha especial que también trabaja para ti. Cuando pones dinero en una cuenta de ahorro con intereses, el banco te da un poco más de dinero, ¡como si la hucha estuviera creciendo por sí sola! Esta es una buena manera de empezar a entender cómo funciona la magia del crecimiento del dinero.

2. Acciones de Empresas

Imagina que te encanta una tienda de juguetes y quieres ser parte de ella. Bueno, con las acciones, ¡puedes ser dueño de un pequeño trocito de esa tienda! Las acciones son como tener pedacitos de empresas. Cuando las empresas hacen bien, tu trocito (tus acciones) también se vuelve más valioso. Puedes elegir empresas que te gusten, como aquellas que hacen tus juegos o películas favoritas.

3. Fondos de Inversión

A veces, es genial trabajar en equipo. Los fondos de inversión son como un equipo de inversión donde muchas personas ponen su dinero juntas. Un experto cuida de todo y decide dónde poner el dinero para que crezca. ¡Es como si todos trabajaran juntos para hacer crecer el dinero!

4. Bienes Raíces

Imagina que te encanta tu casa y piensas que las casas son geniales. Bueno, con la inversión en bienes raíces, ¡puedes convertirte en un pequeño propietario! No significa que tengas una casa entera, pero puedes tener un pedacito. Cuando el valor de las casas aumenta, ¡Tu pedacito también se vuelve más valioso!

5. Bonos

Los bonos son como préstamos que das a gobiernos o empresas. Cuando compras un bono, estás prestando dinero y, a cambio, te pagan más dinero con el tiempo. Es como ser amigo del gobierno o de una empresa y ayudarles a crecer. Al final, ¡te devuelven el dinero con un extra!

B) Actividades Divertidas para Aprender sobre Diferentes Formas de Inversión

- **El Juego de las Acciones Mágicas:**
  - Materiales Necesarios: Cartulina, revistas, tijeras, pegamento.
  - Cómo Jugar: Recorta imágenes de empresas que te gusten de las revistas. Pégalas en una cartulina y crea tu propio "muro de acciones mágicas". Imagina cómo sería ser dueño de un trocito de esas empresas.

- **Fondo de Inversión de Juguetes:**
  - Materiales Necesarios: Juguetes, caja decorativa.
  - Cómo Jugar: Coloca algunos de tus juguetes favoritos en una caja y decórala como si fuera tu "fondo de inversión de juguetes". Piensa en cómo trabajarían juntos para hacer que tu colección de juguetes crezca.

- **El Dibujo de la Casa Mágica:**
  - Materiales Necesarios: Papel, crayones.
  - Cómo Jugar: Dibuja una casa y piensa en cómo podrías ser un pequeño propietario. Imagina cómo la casa se volvería más valiosa con el tiempo y añade detalles divertidos.

- **Amigos de Gobierno y Empresas:**

- Materiales Necesarios: Cartulina, lápices de colores.
- Cómo Jugar: Dibuja bonos coloridos y piensa en cómo estás siendo amigo del gobierno o de una empresa. ¿Qué harán con tu ayuda? Imagina cómo te devolverán el dinero con un extra.

5.3 Creando un portafolio de inversión adaptado a la edad y nivel de riesgo

<u>El Portafolio Mágico: ¿Qué es y por qué es Importante?</u>

Imagina que tienes una caja mágica donde guardas diferentes tipos de inversiones. Cada tipo es como un personaje especial en tu historia financiera. Juntos, estos personajes forman tu portafolio de inversión, ¡y trabajan juntos para hacer crecer tu dinero! La magia está en elegir personajes que se lleven bien y te ayuden a alcanzar tus metas.

1. Elegir Personajes para tu Historia Financiera: Las Acciones y su Emoción

Las acciones son como personajes emocionantes en tu historia financiera. Pueden subir y bajar, ¡como si estuvieran en una montaña rusa! Pero a veces, las emociones pueden ser un poco intensas. Así que, si decides tener acciones en tu portafolio, asegúrate de estar listo para las subidas y bajadas. ¡Las acciones son como los superhéroes financieros de tu equipo mágico!

2. Sumar a los Amigos de Equipo: Los Fondos de Inversión

Los fondos de inversión son como amigos de equipo en tu historia financiera. En lugar de tener un solo personaje emocionante como las acciones, los fondos de inversión son un grupo de personajes que trabajan juntos. Un experto cuida de ellos para que tú no tengas que preocuparte tanto. ¡Es como tener un equipo mágico de crecimiento de dinero que trabaja en equipo!

3. Ser un Pequeño Propietario con Bienes Raíces: ¡Tu Propio Castillo!

Imagina ser dueño de un pequeño pedacito de un castillo. Eso es lo que puedes hacer con la inversión en bienes raíces. Puedes ser un pequeño propietario y ver cómo crece el valor de tu castillo con el tiempo. Aunque los castillos no son muy líquidos (no puedes venderlos fácilmente), ¡pueden ser una parte divertida de tu portafolio!

4. Ser Amigo del Gobierno y Empresas: Bonos y su Seguridad

Los bonos son como amigos tranquilos y seguros en tu historia financiera. No son tan emocionantes como las acciones, pero tampoco son tan intensos. Cuando compras bonos, estás siendo amigo del gobierno o de una empresa, ¡y ellos te pagan más dinero con el tiempo! Los bonos son una buena opción si prefieres la seguridad y estabilidad en tu equipo mágico.

Cómo Crear tu Propio Portafolio Mágico

Ahora que conoces a los personajes, es hora de crear tu propio equipo mágico. Pero, ¿cómo decides cuántos superhéroes emocionantes (acciones) y cuántos amigos de equipo (fondos de inversión) necesitas en tu historia? Aquí hay algunas sugerencias mágicas:

Piensa en tus Metas:

- ¿Quieres ahorrar para comprar algo especial, como un juguete o una bicicleta?
- ¿O estás pensando en el futuro, como en la universidad o tener tu propia casa?

Considera tu Edad y Paciencia Mágica:

- Si eres más joven, ¡tienes más tiempo para que tu dinero crezca! Puedes permitirte tener más personajes emocionantes en tu equipo.
- Si eres un poco mayor y necesitas el dinero más pronto, ¡quizás prefieras tener más amigos de equipo para reducir el riesgo!

Piensa en tu Nivel de Aventura Financiera:

- ¿Te emociona la idea de las montañas rusas y las emociones intensas?
- ¿O prefieres un paseo más tranquilo y seguro?

Actividades Divertidas para Crear tu Propio Portafolio Mágico

- **El Juego de las Elecciones Mágicas:**
    - Materiales Necesarios: Cartulina, pegamento, revistas.
    - Cómo Jugar: Recorta imágenes de acciones, fondos de inversión, bienes raíces y bonos de las revistas. Pega tus elecciones en la cartulina y crea tu propio portafolio mágico.

- **La Carta Mágica de las Metas:**
    - Materiales Necesarios: Papel, crayones.
    - Cómo Jugar: Dibuja una carta mágica que represente tus metas. Divide la carta en secciones para cada tipo de inversión y colorea según tus preferencias. ¡Puedes poner más colores en las secciones que te emocionen más!

- **La Historia Mágica de tu Edad:**
    - Materiales Necesarios: Papel, lápices de colores.
    - Cómo Jugar: Dibuja una historia mágica que represente tu edad y tus metas financieras. ¿Eres un aventurero emocionante con muchas acciones, o prefieres ser un sabio amigo de equipo con más fondos de inversión?

Capítulo 6: Herramientas y Recursos para la Educación Financiera en Familia

Imagina que estás en un parque temático donde cada juego es una oportunidad de aprender algo nuevo sobre dinero. Los juegos y actividades no solo hacen que el aprendizaje sea más divertido, sino que también crean recuerdos duraderos. Veamos algunas ideas mágicas para incorporar la educación financiera en la rutina familiar.

6.1 Utilizando juegos y actividades para enseñar sobre dinero

<u>La Magia de Aprender Jugando</u>

1. Monopoly

¡El Monopoly es como el rey de los juegos financieros! En lugar de simplemente lanzar dados y mover piezas, aprovechemos este juego para enseñar lecciones valiosas:

- Compra e Inversión: Explica cómo comprar propiedades es como invertir. Cuanto más inviertas, más dinero puedes ganar.
- Presupuesto: Establece reglas para manejar el dinero en el juego, al igual que en la vida real. Esto ayuda a entender la importancia de un presupuesto.

- Negociación: Fomenta la negociación durante las transacciones inmobiliarias. Esto desarrolla habilidades de comunicación y toma de decisiones.

2. Juegos de Roles en la Tienda Imaginaria

Este juego es perfecto para enseñar a los más pequeños sobre decisiones de gasto conscientes. Crea una "tienda imaginaria" en casa:

- Lista de Compras: Haz una lista de artículos con diferentes precios.
- Dinero Ficticio: Dale a cada niño una cantidad de dinero ficticio.
- Elecciones de Compra: Los niños deben decidir qué comprar con su dinero limitado.

Después, pueden reflexionar sobre sus elecciones y aprender sobre la importancia de tomar decisiones informadas.

3. El Juego de las Metas de Ahorro

Este juego ayuda a los niños a comprender el concepto de ahorro para alcanzar metas. Sigue estos pasos:

- Establecer Metas: Cada niño elige algo que le gustaría comprar.
- Asignar Ahorros: Determina cuánto deberían ahorrar cada semana para alcanzar la meta.
- Seguimiento Visual: Usa un gráfico o un tablero para visualizar el progreso hacia la meta.

Este juego enseña la paciencia y la importancia de establecer metas financieras.

4. La Carrera de las Necesidades y Deseos

Este juego ayuda a los niños a comprender la diferencia entre necesidades y deseos:

- Tablero de Carreras: Dibuja un tablero de juego con casillas que representen necesidades y deseos.
- Fichas y Dados: Usa fichas y dados para moverte por el tablero.
- Decisiones de Gasto: Cada vez que aterrices en una casilla, debes decidir si es una necesidad o un deseo.

Esto promueve la reflexión sobre las decisiones de gasto y la comprensión de prioridades financieras.

5. El Tesoro de los Cambios

Este juego es ideal para aprender sobre el valor de las monedas y billetes:

- Monedas y Billetes Falsos: Crea monedas y billetes de mentira de diferentes valores.
- Objetivo del Juego: Los niños deben encontrar artículos en casa que coincidan con el valor de las monedas y billetes falsos.

Esto refuerza la comprensión del valor del dinero y mejora las habilidades matemáticas.

6. Caza del Tesoro de Descuentos

Este juego enseña a los niños sobre la importancia de buscar descuentos y ofertas:

- Lista de Compras: Haz una lista de compras con diferentes artículos.
- Descuentos Ficticios: Asigna descuentos ficticios a algunos artículos.
- Caza del Tesoro: Los niños deben buscar los artículos con descuentos para ahorrar dinero.

Esto fomenta la conciencia de precios y la importancia de buscar ofertas al comprar.

6.2 La importancia de los ejemplos y modelos a seguir en la familia

La Poderosa Influencia de los Ejemplos en la Educación Financiera

Imagina que eres un pequeño aventurero financiero y tus padres son los guías que te llevan a través de los misterios del dinero. La forma en que tus padres manejan el dinero y toman decisiones financieras influye en cómo entenderás y manejarás tus propias finanzas en el futuro. Aquí hay algunas razones mágicas por las que los ejemplos y modelos a seguir son cruciales en la educación financiera familiar:

A) Aprendizaje Observacional: El Poder de Ver y Hacer. Los niños aprenden observando y copiando a sus padres. Si ven a mamá y papá haciendo un presupuesto, ahorrando para metas y tomando decisiones financieras informadas, es más probable que adopten hábitos financieros saludables. Los ejemplos prácticos son como las lecciones mágicas que se enseñan a través de acciones cotidianas.

B) Establecimiento de Valores: Transmitiendo Creencias sobre el Dinero. La forma en que los padres manejan el dinero transmite sus valores financieros a los niños. Si los padres valoran el ahorro, la inversión y la generosidad, es probable que estos valores se transmitan a los más pequeños. Los modelos a seguir son como los guías que señalan la dirección y los valores a seguir en el camino financiero.

C) Desmitificación del Dinero: Haciendo que Sea Accesible y Entendible. Manejar el dinero puede parecer misterioso para los niños, pero cuando ven a sus padres tomar decisiones financieras y hablar sobre el dinero abierta y honestamente, se desmitifica. Los ejemplos prácticos ayudan a hacer del dinero algo accesible y entendible, mostrando que es parte de la vida diaria y no algo secreto.

D) Desarrollo de Habilidades Prácticas: Aprendizaje a Través de la Experiencia. Aprender sobre finanzas no es solo sobre teoría, sino también sobre práctica. Los niños aprenden a administrar el dinero al ver cómo sus padres lo hacen. Pueden aprender a hacer un presupuesto, ahorrar para metas específicas y tomar decisiones basadas en necesidades y deseos. Los modelos a seguir son como los entrenadores que enseñan habilidades prácticas en el campo financiero.

E) Construcción de la Confianza: Inspiración para Tomar el Control Financiero. Cuando los niños ven a sus padres enfrentar desafíos financieros con determinación y encontrar soluciones, se inspiran para hacer lo mismo. Los ejemplos prácticos construyen confianza en la capacidad de manejar situaciones financieras, mostrando que el control financiero está al alcance de todos.

Cómo Convertirse en un Modelo a Seguir Financiero en la Familia

Ahora que entendemos la importancia de ser modelos a seguir financieros, aquí hay algunas maneras mágicas en las que los padres y cuidadores pueden convertirse en héroes financieros para sus hijos:

1. Honestidad y Apertura

Sea honesto y abierto sobre el dinero. Hablen sobre los éxitos y desafíos financieros de la familia. La transparencia crea un ambiente donde los niños se sienten cómodos preguntando y aprendiendo sobre el dinero.

2. Involucramiento en Decisiones Financieras

Involucre a los niños en decisiones financieras familiares adecuadas para su edad. Pueden participar en la planificación de compras, ayudar a hacer un presupuesto familiar simple y contribuir con ideas sobre cómo ahorrar.

3. Establecimiento de Metas Financieras

Establezcan metas financieras como familia. Pueden ser pequeñas, como ahorrar para un día de diversión juntos, o más grandes, como planificar unas vacaciones familiares. Establecer y lograr metas es una enseñanza poderosa.

4. Enseñanza Práctica

Envuelvan a los niños en tareas prácticas, como comparar precios al hacer compras, entender recibos y enseñarles a administrar su propio dinero de asignación. La experiencia práctica es una de las mejores maneras de aprender.

5. Generosidad y Responsabilidad Social

Enseñen la importancia de ser generosos y responsables socialmente. Esto puede incluir donar a organizaciones benéficas, participar en proyectos de servicio comunitario y mostrar cómo el dinero puede ser una fuerza positiva en la sociedad.

Capítulo 7: Superando Desafíos Comunes en la Educación Financiera Infantil

¡Este es un capítulo lleno de estrategias mágicas para superar desafíos en el viaje de la educación financiera en familia! En este capítulo, nos sumergiremos en el desafío común de la resistencia y la falta de interés por parte de los niños hacia la educación financiera. Descubriremos cómo convertir este desafío en una oportunidad de aprendizaje emocionante y significativo. ¡Prepárense para desbloquear la puerta a un mundo financiero fascinante!

7.1 Abordando la resistencia y la falta de interés en la educación financiera

Entendiendo la Resistencia y la Falta de Interés

Imagina que estás a punto de embarcarte en una emocionante aventura financiera con tu familia, pero uno de tus pequeños aventureros no parece tan emocionado. La resistencia y la falta de interés pueden ser como un misterioso hechizo que impide que algunos niños se sumerjan en el aprendizaje financiero. Pero no te preocupes, ¡tenemos el contrahechizo perfecto para convertir la resistencia en entusiasmo!

1. Descubriendo las Causas: ¿Por qué Hay Resistencia?

Antes de lanzarnos al contrahechizo, es importante descubrir las razones detrás de la resistencia y la falta de interés. Algunas causas comunes pueden incluir:

- **Complejidad:** La información financiera puede parecer complicada o abrumadora.
- **Falta de Conexión Personal:** Los niños pueden no ver la relevancia de las lecciones financieras en su vida diaria.
- **Falta de Experiencia:** Puede que no tengan experiencias prácticas con el dinero para comprender su importancia.

2. Contrahechizo Mágico: Haciendo la Educación Financiera Divertida y Relevante

Ahora que hemos identificado las causas, es hora de lanzar el contrahechizo que transformará la resistencia en entusiasmo:

A) Haciendo la Educación Financiera Divertida:

- Juegos y Actividades Emocionantes: Introduce juegos y actividades que hagan que aprender sobre dinero sea divertido. La diversión es la varita mágica que convierte el aburrimiento en emoción.
- Historias y Personajes Mágicos: Crea historias emocionantes o utiliza personajes mágicos que enseñen lecciones financieras. Los niños se conectarán mejor con el aprendizaje cuando esté envuelto en magia.
- Desafíos y Recompensas: Establece desafíos financieros con

recompensas. Esto convierte el aprendizaje en un juego emocionante con metas tangibles.

B) Haciendo la Educación Financiera Relevante:

- Conexiones con la Vida Diaria: Relaciona las lecciones financieras con situaciones de la vida diaria. Por ejemplo, enseña sobre porcentajes mientras dividen un pastel o discuten sobre el valor de las cosas que poseen.
- Participación Activa en Decisiones Financieras: Involve a los niños en decisiones financieras familiares adecuadas para su edad. Esto les muestra que el aprendizaje financiero no es solo teoría, sino algo que se aplica en la vida real.
- Visitas a Lugares Financieros: Realiza visitas a lugares como el banco o la tienda para que los niños vean cómo funciona el dinero en diferentes contextos. Esto proporciona experiencias prácticas y tangibles.

3. Creando un Ambiente Positivo: Fomentando una Actitud Abierta

La resistencia a menudo proviene de la percepción de que la educación financiera es aburrida o irrelevante. Para cambiar esta percepción, es esencial crear un ambiente positivo:

- **Celebrando Pequeños Logros:** Reconoce y celebra cada pequeño logro financiero. Esto refuerza la idea de que aprender sobre dinero es un viaje emocionante con hitos significativos.
- **Fomentando Preguntas:** Anima a los niños a hacer preguntas y expresar sus pensamientos sobre el dinero. Un ambiente donde se valora la curiosidad fomenta la participación.
- **Modelando una Actitud Positiva**: Los padres y cuidadores son modelos a seguir, así que muestra una actitud positiva hacia la educación financiera. Si los niños ven que te diviertes y valoras el aprendizaje, es más probable que sigan el ejemplo.

4. Personalizando la Educación Financiera: Adaptándola a Intereses Individuales

Cada niño es único, y adaptar la educación financiera a sus intereses individuales puede marcar la diferencia:

Explorando Intereses Personales: Descubre qué temas financieros les interesan más a tus hijos. Puede ser la idea de ganar dinero con un negocio de limonada o comprender cómo funciona la tecnología financiera.

Proyectos Creativos: Fomenta proyectos creativos que permitan a los niños aplicar lecciones financieras. Por ejemplo, podrían diseñar un producto para vender en un mercado ficticio.

Flexibilidad en el Enfoque: Sé flexible en el enfoque de la educación financiera. Si un método no funciona, prueba algo nuevo. La personalización es la llave mágica para desbloquear el interés.

7.2 Cómo manejar las mesadas y permitir que los niños tomen decisiones financieras

Entendiendo el Desafío de las Mesadas y Decisiones Financieras

Imagina que las mesadas son como tesoros pequeños que los padres confían a sus hijos. Sin embargo, el desafío radica en cómo guiar a los niños para que tomen decisiones financieras responsables y aprendan lecciones valiosas sobre el dinero. Aquí hay algunas estrategias mágicas para transformar este desafío en una experiencia educativa enriquecedora.

1. Estableciendo el Propósito de las Mesadas: Más Allá del Dinero

Antes de sumergirnos en la administración de las mesadas, es crucial establecer el propósito detrás de este ritual financiero. Las mesadas no solo son una forma de darles dinero a los niños; también son una herramienta para enseñarles habilidades financieras y valores:

- Aprendizaje Financiero: Utiliza las mesadas como una oportunidad para enseñar sobre ahorro, gasto y donación.
- Responsabilidad: Fomenta la responsabilidad al asignar tareas relacionadas con la mesada, mostrando que el dinero no viene sin esfuerzo.
- Toma de Decisiones: Permite que los niños tomen decisiones sobre cómo manejar su mesada, promoviendo la toma de decisiones informadas.

2. Estableciendo Montos y Frecuencia: Encontrando el Equilibrio Perfecto

Determinar cuánto y con qué frecuencia dar las mesadas es como encontrar la poción mágica adecuada. Aquí hay algunos consejos:

Edad y Madurez: Considera la edad y madurez de tus hijos al decidir el monto. Puedes ajustar la cantidad a medida que crecen y desarrollan más responsabilidad.

Frecuencia Regular: Establece una frecuencia regular para las mesadas, ya sea semanal o mensual. Esto les brinda consistencia y la oportunidad de aprender lecciones constantes.

Involucramiento en la Decisión: Involucra a los niños en la discusión sobre el monto y la frecuencia. Esto les da un sentido de propiedad y control sobre su dinero.

3. Asignando Tareas y Responsabilidades: La Magia de Ganar el Tesoro

Las mesadas no deben ser simplemente regalos; deben vincularse al esfuerzo y la responsabilidad. Asigna tareas y responsabilidades adecuadas para su edad:

- **Lista de Tareas:** Crea una lista de tareas que deben completar para recibir su mesada. Pueden incluir tareas domésticas, deberes escolares y ayudar en proyectos familiares.
- **Involucramiento en Decisiones:** Permíteles participar en la elección de las tareas. Esto les da un sentido de control y les enseña sobre la toma de decisiones.
- **Consecuencias Positivas y Negativas:** Establece consecuencias positivas cuando cumplen con sus responsabilidades y consecuencias negativas cuando no lo hacen. Esto refuerza la relación entre esfuerzo y recompensa.

4. Enseñando sobre Ahorro y Metas Financieras: La Aventura del Tesoro a Largo Plazo

Las mesadas ofrecen la oportunidad perfecta para enseñar a los niños sobre la importancia del ahorro y el establecimiento de metas financieras:

División de la Mesada: Anima a los niños a dividir su mesada en diferentes categorías, como gasto, ahorro y donación.

<u>**Metas Visuales:**</u> Establece metas financieras visuales. Esto podría ser un gráfico donde puedan marcar el progreso hacia su objetivo de ahorro.

<u>**Celebración de Logros:**</u> Celebra cada vez que alcanzan una meta. Esto refuerza la conexión entre establecer metas, ahorrar y lograr.

5. Promoviendo la Toma de Decisiones: Aprendizaje en el Mundo Real

Permitir que los niños tomen decisiones sobre cómo gastar su mesada es una lección invaluable en la toma de decisiones financieras:

- **Guía, No Dictadura:** Ofrece orientación en lugar de dictar cómo deben gastar su mesada. Puedes compartir consejos, pero permite que tomen decisiones autónomas.
- **Errores como Oportunidades de Aprendizaje:** Si cometen errores financieros, utilízalos como oportunidades de aprendizaje. Conversa sobre lo que podrían hacer diferente la próxima vez.
- **Variedad de Decisiones:** Anima a tomar decisiones sobre diferentes aspectos financieros, desde compras cotidianas hasta decisiones de ahorro a largo plazo.

6. Diálogo Abierto sobre Dinero: La Clave de la Conexión

La comunicación abierta sobre el dinero es como una poción que fortalece los lazos familiares. Fomenta un diálogo constante:

A. **Preguntas Abiertas:** Haz preguntas abiertas sobre cómo se sienten acerca de sus mesadas, qué han aprendido y qué desafíos enfrentan.

B. **Compartir Experiencias:** Comparte tus propias experiencias financieras de manera abierta y honesta. Esto crea un ambiente donde se sienten cómodos compartiendo sus pensamientos.

C. **Celebrar el Progreso:** Celebra el progreso y los logros financieros. Esto refuerza una relación positiva con el dinero.

7.3 Estrategias para enfrentar situaciones económicas difíciles en la familia

<u>**Entendiendo las Dificultades Económicas en Familia**</u>

Imagina que la familia es como un equipo que enfrenta desafíos juntos. Las dificultades económicas pueden surgir debido a diversas razones, como pérdida de empleo, gastos imprevistos o cambios en la situación financiera. La clave es enfrentar estas situaciones con resiliencia y convertirlas en lecciones de vida.

Comunicación Abierta: Cuando la familia enfrenta dificultades económicas, la comunicación abierta es esencial. Explicar la situación de manera comprensible para los niños es como lanzar un hechizo que disipa la confusión:

Lenguaje Adecuado para la Edad: Utiliza un lenguaje sencillo y adaptado a la edad de los niños. Evita la jerga financiera complicada.

Enfatizar el Trabajo en Equipo: Destaca que la familia es un equipo y que todos trabajan juntos para superar los desafíos económicos.

Fomentar Preguntas: Anima a los niños a hacer preguntas y expresar sus preocupaciones. Esto fortalece la conexión y proporciona claridad.

Crear un Presupuesto Familiar: La Hoja de Ruta Financiera

Cuando los tiempos son difíciles, un presupuesto familiar se convierte en la hoja de ruta financiera que guía las decisiones financieras:

- **Involucrar a los Niños:** Incluye a los niños en las conversaciones sobre el presupuesto. Explícales cómo funciona y por qué es importante.

- **Priorizar Gastos:** Juntos, identifiquen los gastos esenciales y los no esenciales. Esto enseña sobre prioridades y toma de decisiones.

- **Visualizar el Proceso:** Utiliza gráficos o diagramas simples para visualizar cómo se distribuyen los recursos financieros. Esto hace que el presupuesto sea más comprensible.

Fomentar la Empatía y la Gratitud: Lecciones Valiosas

En tiempos difíciles, fomentar la empatía y la gratitud se convierte en una lección valiosa para los niños:

Historias de Éxito Inspiradoras: Comparte historias de éxito donde las personas han superado desafíos económicos. Esto inspira esperanza y demuestra que las dificultades pueden superarse.

Prácticas de Gratitud: Establece prácticas regulares de gratitud en la familia. Pueden expresar lo que están agradecidos por cada día, incluso las pequeñas cosas.

Empatía hacia los Demás: Enseña a los niños sobre la importancia de ser empáticos con quienes enfrentan desafíos similares. La empatía construye conexiones y comprensión.

<u>Enseñar sobre Ahorro y Previsión: La Magia de la Preparación</u>

La enseñanza sobre ahorro y previsión es esencial para enfrentar situaciones económicas difíciles:

- **Hablar sobre la Importancia del Ahorro:** Explica por qué es importante ahorrar para el futuro y cómo el ahorro puede ayudar en momentos difíciles.

- **Simulaciones Prácticas:** Realiza simulaciones prácticas donde los niños pueden participar en actividades de ahorro. Esto les da una comprensión práctica del concepto.

- **Establecer Metas de Ahorro:** Involucra a los niños en el establecimiento de metas de ahorro familiares. Pueden contribuir con pequeñas cantidades y ver cómo se acumulan con el tiempo.

Explorar Oportunidades de Aprendizaje Adicional: Lecciones de Vida

Las dificultades económicas pueden convertirse en oportunidades de aprendizaje adicionales para los niños:

A. **Involucrar a los Niños en Soluciones Creativas:** Pide a los niños que aporten ideas creativas para ahorrar o generar ingresos adicionales. Esto fomenta la resiliencia y el pensamiento creativo.

A. **Aprender sobre la Economía Doméstica:** Explícales cómo funciona la economía familiar. Pueden aprender sobre ingresos, gastos, deudas y cómo tomar decisiones financieras informadas.

B. **Proyectos de Aprendizaje Colaborativos:** Desarrolla proyectos de aprendizaje colaborativos que involucren a la familia. Podrían investigar juntos formas de ahorrar en diferentes áreas.

Capítulo 8: Planificación Financiera para el Futuro de los Niños

En este capítulo, vamos a explorar la emocionante tarea de crear un plan financiero a largo plazo para los niños. Así como un mapa guía en un viaje, un plan financiero establece la dirección y los pasos necesarios para construir un futuro económico sólido. Aprenderemos juntos cómo diseñar un plan que crezca con los niños y les proporcione las herramientas necesarias para enfrentar los desafíos financieros de la vida.

8.1 Creando un plan financiero a largo plazo para los niños

1. ¿Qué es un Plan Financiero a Largo Plazo para los Niños?

Un plan financiero a largo plazo es como una hoja de ruta que nos ayuda a llegar a donde queremos estar financieramente en el futuro. Para los niños, este plan es como un amigo que los guía y les muestra cómo pueden alcanzar sus metas y sueños a medida que crecen. Enseñar a los niños a establecer metas financieras, planificar cómo alcanzarlas y adaptarse a medida que crecen.

Cómo enseñar sobre un Plan Financiero:

- **Establecer Metas Claras:**
    - ¿Cómo hacerlo?: Ayudar a los niños a identificar sus metas

a largo plazo. Pueden ser cosas como comprar una bicicleta, ahorrar para la universidad o incluso tener su propio negocio en el futuro.

- ○ Ejemplo: "Imagina que tienes una lista de deseos. ¿Qué cosas importantes te gustaría hacer o tener en el futuro?"

- **Dividir Metas en Pasos Pequeños:**
  - ○ ¿Cómo hacerlo?: Explicar que grandes metas pueden dividirse en pasos más pequeños y manejables. Esto hace que sea más fácil avanzar hacia ellas.
  - ○ Ejemplo: "Si quieres ahorrar para una bicicleta, podríamos dividirlo en pasos como ahorrar una pequeña cantidad cada semana".

- **Crear un Plan de Ahorro:**
  - ○ ¿Cómo hacerlo?: Introducir la idea de un plan de ahorro. Enseñar a los niños a asignar una parte de sus ingresos a diferentes metas.
  - ○ Ejemplo: "Vamos a hacer un plan para ahorrar. Decidiremos cuánto poner en tu alcancía para tus metas diferentes".

- **Adaptarse con el Tiempo:**
  - ○ ¿Cómo hacerlo?: Explicar que las metas y los planes pueden cambiar a medida que los niños crecen. Es importante ser flexibles y ajustar el plan según sea necesario.
  - ○ Ejemplo: "A medida que crezcas, tus metas pueden cambiar. Podemos ajustar tu plan para asegurarnos de que estés siempre en camino hacia lo que realmente deseas".

2. Beneficios de un Plan Financiero a Largo Plazo para los Niños

Desarrollo de la Disciplina Financiera:

- Beneficio: Ayuda a los niños a desarrollar disciplina al establecer metas y seguir un plan para alcanzarlas.

Enfoque en Metas Positivas:

- Beneficio: Cambia el enfoque hacia metas positivas, enseñando a los niños a concentrarse en lo que desean lograr.

Construcción de Hábitos Financieros Duraderos:

- Beneficio: Establece hábitos financieros sólidos al enseñar la importancia de la planificación y el ahorro a largo plazo.

Desarrollo de Habilidades de Toma de Decisiones:

- Beneficio: Fomenta habilidades de toma de decisiones al involucrar a los niños en la planificación y adaptación de su plan financiero.

Preparación para Desafíos Futuros:

- Beneficio: Prepara a los niños para enfrentar desafíos financieros futuros al enseñarles a ser flexibles y ajustar su plan según sea necesario.

3. Cómo Construir un Plan Financiero Divertido

- **Involucrar a los Niños en la Creación del Plan:**
    - ¿Cómo hacerlo?: Preguntar a los niños sobre sus metas y qué les gustaría lograr financieramente en el futuro. Involucrarlos en la creación del plan.
    - Ejemplo: "Hagamos juntos una lista de cosas emocionantes que quieras hacer en el futuro".

- **Utilizar Gráficos y Dibujos:**
    - ¿Cómo hacerlo?: Hacer gráficos simples o dibujos para representar las metas y los pasos del plan. Esto hace que sea más visual y fácil de entender.
    - Ejemplo: "Dibuja una bicicleta para representar tu meta de tener una bicicleta. Luego, hacemos pasos pequeños debajo para llegar allí".

- **Celebrar Logros a lo Largo del Camino:**

- ○ ¿Cómo hacerlo?: Celebrar los logros a medida que los niños avanzan en su plan. Puede ser tan simple como una pequeña celebración o un elogio.
  - ○ Ejemplo: "¡Hoy alcanzaste tu meta semanal de ahorro! ¿Qué tal si celebramos con una pequeña actividad especial?"

- **Revisar y Adaptar Regularmente:**
  - ○ ¿Cómo hacerlo?: Programar revisiones regulares del plan con los niños. Ajustar según sea necesario y reconocer cualquier cambio en sus metas.
  - ○ Ejemplo: "Cada mes, podemos sentarnos juntos y ver cómo va tu plan. ¿Hay algo que quieras cambiar o ajustar?"

Crear un plan financiero a largo plazo para los niños es como preparar un camino iluminado hacia un futuro financiero brillante. Este capítulo destaca la importancia de establecer metas, planificar cuidadosamente y adaptarse a medida que los niños crecen. Al enseñarles a mirar hacia adelante y prepararse para el futuro, estamos proporcionándoles las herramientas esenciales para construir un mañana lleno de oportunidades y éxito financiero.

8.2 Estrategias para enseñar sobre crédito y endeudamiento responsable

Entendiendo el Crédito y el Endeudamiento

Antes de sumergirnos en las estrategias de enseñanza, es crucial comprender qué son el crédito y el endeudamiento. El crédito es como pedir prestado dinero con la promesa de pagarlo más adelante, mientras que el endeudamiento implica tener deudas acumuladas. Ambos son aspectos fundamentales del manejo financiero que los adolescentes deben entender para tomar decisiones informadas.

Enseñar a los adolescentes a utilizar el crédito de manera responsable, comprendiendo las implicaciones del endeudamiento y las estrategias para evitar problemas financieros.

Cómo enseñar sobre Crédito y Endeudamiento

- **Explorar Conceptos Básicos de Crédito:**

- ○ ¿Cómo hacerlo?: Comenzar con una introducción simple sobre qué es el crédito y cómo funciona.
  - ○ Ejemplo: "Imagina que el crédito es como pedir prestado dinero que prometes devolver más tarde. Es una herramienta que puede ayudarte a alcanzar metas financieras, pero también conlleva responsabilidades."

- **Identificar Tipos de Crédito Comunes:**
  - ○ ¿Cómo hacerlo?: Desglosar los tipos de crédito comunes, como tarjetas de crédito, préstamos estudiantiles y préstamos para automóviles.
  - ○ Ejemplo: "Hay diferentes formas de crédito. Algunas personas usan tarjetas de crédito para compras diarias, mientras que otros pueden obtener préstamos para cosas más grandes, como estudios o automóviles."

- **Enseñar sobre el Historial de Crédito:**
  - ○ ¿Cómo hacerlo?: Explicar la importancia del historial de crédito y cómo afecta la capacidad de obtener crédito en el futuro.
  - ○ Ejemplo: "Cada vez que utilizas crédito, se registra en tu historial. Un buen historial de crédito es como una carta de presentación que te ayuda a obtener crédito más adelante."

- **Mostrar las Consecuencias del Endeudamiento Irresponsable:**
  - ○ ¿Cómo hacerlo?: Utilizar ejemplos sencillos para ilustrar cómo el endeudamiento irresponsable puede afectar negativamente las finanzas.
  - ○ Ejemplo: "Si no pagas tus deudas a tiempo, podrías enfrentar problemas como intereses altos o dificultades para obtener crédito en el futuro."

- **Introducir Estrategias para el Endeudamiento Responsable:**
  - ○ ¿Cómo hacerlo?: Presentar estrategias prácticas para utilizar el crédito de manera responsable, como establecer un presupuesto y pagar las deudas a tiempo.
  - ○ Ejemplo: "Una buena estrategia es establecer un presupuesto claro. Saber cuánto puedes gastar y asegurarte de pagar tus

deudas a tiempo te ayudará a mantener un buen historial de crédito."

Estrategias para Enseñar sobre Crédito y Endeudamiento Responsable

1. Utilizar Escenarios de la Vida Real:

- Cómo hacerlo: Presentar escenarios de la vida real en los que los adolescentes pueden encontrarse con decisiones de crédito y endeudamiento.
- Ejemplo: "Imagina que quieres comprar tu primer automóvil. ¿Cómo decidirías si deberías obtener un préstamo o ahorrar para comprarlo?"

2. Juegos de Rol Financieros:

- Cómo hacerlo: Organizar juegos de rol donde los adolescentes simulan situaciones financieras que involucran crédito y endeudamiento.
- Ejemplo: "Vamos a jugar un juego en el que tomas decisiones sobre cómo utilizar el crédito. ¿Qué harías en esta situación?"

3. Crear un "Plan de Uso de Tarjetas de Crédito":

- Cómo hacerlo: Ayudar a los adolescentes a crear un plan detallado sobre cómo usarán las tarjetas de crédito de manera responsable.
- Ejemplo: "Juntos, podemos hacer un plan para el uso de tu tarjeta de crédito. ¿Cuánto gastarás cada mes y cómo te asegurarás de pagarlo a tiempo?"

4. Analizar Casos de Estudio de la Vida Real:

- Cómo hacerlo: Discutir casos de estudio de personas reales que han enfrentado desafíos o éxito en el manejo de crédito y deudas.
- Ejemplo: "Vamos a analizar la historia de esta persona y ver cómo tomaron decisiones financieras responsables. ¿Qué podemos aprender de su experiencia?"

5. Involucrar a los Padres en la Enseñanza:

- Cómo hacerlo: Trabajar con los padres para proporcionar información adicional y apoyo en la enseñanza sobre crédito y endeudamiento.
- Ejemplo: "Invitemos a tus padres a una sesión donde todos podamos aprender sobre cómo manejar el crédito. ¿Les gustaría unirse a nosotros?"

Enseñar sobre crédito y endeudamiento responsable es como proporcionar un mapa claro para que los adolescentes naveguen por el mundo financiero. Este capítulo destaca la importancia de comprender cómo funciona el crédito, las implicaciones del endeudamiento y estrategias prácticas para tomar decisiones financieras informadas y responsables. Al equipar a los adolescentes con estas habilidades, les estamos brindando las herramientas necesarias para construir un futuro financiero sólido y tomar decisiones responsables a lo largo de sus vidas.

8.3 Preparando a los adolescentes para decisiones financieras más complejas

A) Entendiendo las Decisiones Financieras de la Adolescencia

La adolescencia es un período en el que los jóvenes comienzan a enfrentar decisiones financieras más complejas. Pueden encontrarse con la oportunidad de trabajar, tomar decisiones sobre la educación superior, explorar opciones de gastos más significativas y aprender sobre crédito y ahorro a un nivel más profundo. Ayudar a los adolescentes a desarrollar habilidades financieras sólidas y tomar decisiones informadas que afectarán su futuro económico.

B) Cómo enseñar sobre Decisiones Financieras de la Adolescencia

- **Introducir Conceptos de Trabajo y Ganancias:**
  - ¿Cómo hacerlo?: Conversar sobre la importancia del trabajo y cómo ganar dinero durante la adolescencia puede ser una experiencia valiosa.
  - Ejemplo: "Algunos adolescentes comienzan a trabajar para ganar dinero extra. ¿Te gustaría aprender más sobre cómo puedes hacerlo?"

- **Explorar Opciones de Educación Superior:**
  - ¿Cómo hacerlo?: Hablar sobre las opciones de educación

superior, incluyendo universidades, colegios comunitarios y programas de formación profesional.

- Ejemplo: "A medida que te acercas al final de la escuela secundaria, tendrás opciones sobre dónde continuar tu educación. ¿Quieres aprender más sobre estas opciones?"

- **Abordar Decisiones de Gastos Más Significativas:**
  - ¿Cómo hacerlo?: Discutir decisiones de gastos más grandes, como la compra de un automóvil o la planificación de un viaje.
  - Ejemplo: "A medida que ahorras, podrías pensar en comprar un automóvil o planificar un viaje. ¿Te gustaría aprender a presupuestar para decisiones de gastos más significativas?"

- **Entender Conceptos Avanzados de Ahorro y Inversión:**
  - ¿Cómo hacerlo?: Introducir conceptos más avanzados de ahorro e inversión, como cuentas de ahorro a largo plazo o el mercado de valores.
  - Ejemplo: "A medida que ahorras, también puedes considerar opciones de inversión. ¿Te interesaría aprender sobre cómo hacer crecer tu dinero a largo plazo?"

- **Conversar sobre el Uso Responsable del Crédito:**
  - ¿Cómo hacerlo?: Explicar la importancia del crédito responsable y cómo las decisiones de endeudamiento pueden afectar el futuro financiero.
  - Ejemplo: "Algunos adolescentes comienzan a usar tarjetas de crédito. ¿Te gustaría aprender sobre cómo usar el crédito de manera responsable?"

C) Enseñando Habilidades Financieras Avanzadas
1. Trabajo y Ganancias:

- Cómo enseñar: Explorar opciones de trabajo a tiempo parcial o empleo temporal.
- Por qué es importante: Aprender a ganar dinero y gestionar las ganancias es crucial para la independencia financiera.

2. Educación Superior:

- Cómo enseñar: Investigar opciones de educación superior, costos y programas de becas.
- Por qué es importante: La elección de la educación superior puede tener un impacto significativo en las perspectivas laborales y financieras futuras.

3. Decisiones de Gastos Significativas:

- Cómo enseñar: Enseñar a planificar y presupuestar para compras importantes.
- Por qué es importante: Tomar decisiones informadas sobre gastos significativos ayuda a evitar deudas innecesarias y a administrar los recursos financieros de manera efectiva.

4. Ahorro e Inversión:

- Cómo enseñar: Introducir conceptos de ahorro a largo plazo y opciones de inversión.
- Por qué es importante: Comprender cómo hacer crecer el dinero a través del ahorro e inversión es esencial para construir un futuro financiero sólido.

5. Uso Responsable del Crédito:

- Cómo enseñar: Discutir la importancia del crédito, cómo funciona y cómo utilizar tarjetas de crédito de manera responsable.
- Por qué es importante: Desarrollar hábitos de crédito responsables es crucial para evitar deudas abrumadoras y mantener una buena salud financiera.

Preparar a los adolescentes para decisiones financieras más complejas es como brindarles un mapa detallado para navegar por las aguas de la adolescencia. Este capítulo destaca la importancia de equipar a los jóvenes con habilidades financieras avanzadas mientras ingresan en una fase crítica de toma de decisiones.

Conclusión

En la travesía de "Aprender a Administrar el Dinero: Educación Financiera desde Niños o Adolescentes. Cómo Enseñar a tus Hijos a Ahorrar, Gastar e Invertir de Forma Inteligente", hemos explorado un mundo fascinante de conocimientos y estrategias para inculcar habilidades financieras fundamentales en las generaciones venideras. A lo largo de estas páginas, hemos descubierto la importancia del ahorro como cimiento para la estabilidad financiera, explorado estrategias divertidas para enseñar a los niños a administrar su dinero y creado metas de ahorro motivadoras. Nos aventuramos en el arte de gastar con responsabilidad, diferenciando entre necesidades y deseos, y aprendimos a planificar y controlar gastos desde una edad temprana.

En el capítulo dedicado a la iniciación a la inversión para niños y adolescentes, desentrañamos el concepto de inversión de manera sencilla, exploramos diversas formas de inversión adaptadas a sus edades y niveles de riesgo, y creamos un portafolio que refleje sus aspiraciones financieras. Luego, nos sumergimos en las herramientas y recursos para la educación financiera en familia, utilizando juegos, aplicaciones educativas y ejemplos a seguir como poderosas herramientas de aprendizaje.

Enfrentamos y superamos desafíos comunes en la educación financiera infantil, desde abordar la resistencia y la falta de interés hasta manejar las mesadas y permitir que los niños tomen decisiones financieras. Exploramos estrategias para enfrentar situaciones económicas difíciles en familia, convirtiendo estos momentos en oportunidades de aprendizaje y crecimiento. Además, desentrañamos la importancia de crear un plan financiero a largo plazo, involucrando a los niños en la planificación, estableciendo metas y enseñándoles sobre ingresos, gastos, ahorro e inversión.

En esta odisea financiera, hemos compartido conocimientos, estrategias y experiencias que esperamos sean faros guías para las familias en su viaje hacia la educación financiera. Recordemos que cada enseñanza, cada paso dado hacia la comprensión y manejo inteligente del dinero, es una inversión en un futuro financiero sólido y próspero. Que este libro sea una herramienta valiosa para empoderar a las nuevas generaciones con el conocimiento necesario para enfrentar los desafíos económicos con confianza y visión. ¡Que cada niño y adolescente se convierta en un maestro de sus finanzas, capaz de ahorrar, gastar e invertir de forma inteligente en el emocionante viaje de la vida financiera!

Don't miss out!

Visit the website below and you can sign up to receive emails whenever Publicaciones Alejandría publishes a new book. There's no charge and no obligation.

https://books2read.com/r/B-A-KASCB-RHRTC

Did you love *Aprende a Administrar el Dinero: Educación Financiera desde Niños o Adolescentes. Cómo enseñar a tus hijos a Ahorrar, Gastar e Invertir de Forma Inteligente*? Then you should read *Amor con ansiedad: Cómo construir relaciones saludables en tiempos inciertos*[1] by Olivia I. Thigpen (ESP)!

¡Descubre el camino hacia relaciones más fuertes y amorosas en medio de la ansiedad y la incertidumbre! "Amor con Ansiedad: Cómo Construir Relaciones Saludables en Tiempos Inciertos" es tu guía comprensiva para transformar los desafíos emocionales en oportunidades de crecimiento y conexión genuina.

Este libro te lleva de la mano a través de las complejidades del amor en situaciones difíciles. Explora los diferentes tipos de ansiedad que pueden afectar tus relaciones y aprende a reconocer los síntomas antes de que se conviertan en obstáculos insuperables. Descubre las causas subyacentes de la ansiedad en el contexto de las relaciones de pareja y cómo estas preocupaciones pueden fortalecer, en lugar de debilitar, tu vínculo.

---

1. https://books2read.com/u/3kBlxN

2. https://books2read.com/u/3kBlxN

Dentro de estas páginas, encontrarás estrategias prácticas y científicamente respaldadas para manejar la ansiedad tanto individualmente como en pareja. Aprende a comunicarte de manera efectiva, incluso cuando la ansiedad amenaza con distorsionar tus palabras. Descubre cómo mantener la intimidad y fomentar conexiones más profundas, incluso en los momentos más desafiantes.

Además, enfrenta la incertidumbre con valentía y aprende a convertirla en una oportunidad para fortalecer tu relación. Este libro no solo te proporciona herramientas prácticas para afrontar los desafíos de la vida, sino que también te brinda un enfoque compasivo y esperanzador para enfrentar la ansiedad y la incertidumbre junto a tu ser querido.

"Amor con Ansiedad" no es solo un libro; es una brújula emocional que te guiará a través de las tormentas hacia aguas más serenas y amorosas. Escrito con empatía y respaldado por la ciencia, este libro te empoderará para transformar la ansiedad en un motor de crecimiento personal y amor duradero.

¡Descubre cómo el amor puede florecer incluso en los momentos más oscuros!

Read more at https://oliviatda.com/.

Also by Publicaciones Alejandría

Aprende a Administrar el Dinero: Educación Financiera desde Niños o Adolescentes. Cómo enseñar a tus hijos a Ahorrar, Gastar e Invertir de Forma Inteligente
Hipnosis Extrema de Pérdida de Peso Rápida para Mujeres: Aprende como Perder Peso con Hipnosis y Poder Mental

About the Author

En Publicaciones Alejandría, nos dedicamos a ofrecer obras de calidad respaldadas por expertos especializados en diversos temas. Nuestro compromiso con la excelencia se refleja en cada libro que publicamos. Colaboramos estrechamente con autores apasionados para brindarte una amplia gama de conocimientos en diversas áreas. Nuestra misión es proporcionarte lecturas valiosas y enriquecedoras que alimenten tu curiosidad y te inspiren a sumergirte en el fascinante mundo del saber. ¡Bienvenido a un viaje constante de descubrimiento!